AF579751

Colección saber SABER
Lenguaje

Diagonal 36 Bis No. 20-58 Park Way - La Soledad
Bogotá - Colombia
(0571) 338-3605 (06)
www.magisterio.com.co

ISBN: 978-958-20-1277-9
Primera edición 2017

Catalogación en la publicación - Biblioteca Nacional de Colombia

Villabona de Rodríguez, Carmen Cecilia
Saber-SABER Lenguaje Guía profesor / Cecilia Villabona de Rodríguez. -- 1a. ed. - Bogotá: Editorial Magisterio, 2017.
p. 94 (Saber SABER)

Incluye referencias bibliográficas.
ISBN 978-958-20-1277-9

1. Lenguaje - Enseñanza 2. Educación basada en competencias I. Título II. Serie

CDD: 372.6 ed. 23 CO-BoBN- a999880

saber **SABER**

Lenguaje

Guía del maestro

Cecilia Villabona de Rodríguez

Cooperativa Editorial Magisterio

Contenido

Presentación

Una de las mayores preocupaciones de la institución escolar y de la sociedad es el desempeño de los estudiantes en lectura y escritura y en el uso del lenguaje en general. Preocupación que es válida dado que el lenguaje ha jugado un papel definitivo en la vida del ser humano, para ayudarse a elevarse por encima de los otros seres y proseguir la evolución valiéndose de la continua interacción con la realidad y el medio social.

Precisamente, la institución escolar es un espacio privilegiado para la interacción comunicativa, pues en el ambiente académico se entremezclan diversas formas de comunicación a través de los variados actores que participan en los actos comunicativos. De ahí la necesidad de reflexionar acerca del uso del lenguaje, en especial de la palara oral y escrita y su papel en el desarrollo del ser humano y de la sociedad.

En todas las acciones que los educadores llevan a cabo en la escuela se ven reflejados sus conceptos acerca de la educación, la pedagogía y la didáctica, sean o no conscientes de ello. Así que es conveniente hacer altos en el camino para que los docentes repiensen su labor como profesionales de la educación, en búsqueda de un mejor desempeño propio y de sus estudiantes.

En este trabajo se ofrecen unos fundamentos teóricos acerca del lenguaje, la pedagogía y la didáctica, y también propuestas para orientar a los estudiantes en el mejor uso de la palabra, a fin de desarrollar su pensamiento, para que puedan interpretar y producir mensajes, acceder a las diferentes áreas del conocimiento e interactuar con su medio social. Además, todos estos aprendizajes les dan a los estudiantes posibilidades de tener éxito en las diferentes pruebas externas que deberán presentar a través de su proceso educativo, como las Pruebas Saber.

En primera instancia, ser hará un reflexión acerca del lenguaje, su naturaleza y sus funciones y el papel que cumple en el desarrollo humano, también se examinará la estructura del área de Lengua Castellana conforme lo plantea el Ministerio de Educación Nacional en sus lineamientos; asimismo, los ejes temáticos que organizan los diferentes conceptos y procesos que para cada grupo de grados se plantean en los estándares de Lengua Castellana. Dado que la lectura y la escritura son prácticas comunicativas muy empleadas en el aula, se le dedicará especial atención a encaminar a los alumnos hacia la cultura escrita desde un enfoque significativo que les permita la comprensión y creación de diversos textos de las diferentes disciplinas del conocimiento y también de su entorno social.

En la segunda parte, se aborda el tema de la didáctica como la disciplina que concreta conceptos pedagógicos a través de la interacción maestro, estudiante y conocimiento; en este caso, el conocimiento y la pragmática del lenguaje. De igual manera, se plantea el tema de la evaluación como parte del proceso de enseñanza y aprendizaje, que permite reconocer avances y dificultades con el fin de orientar el trabajo académico de acuerdo con las necesidades detectadas, dejando de lado el aspecto negativo que tradicionalmente se le ha dado a la evaluación. También, se establece una relación entre estos postulados teóricos y la preparación práctica de los estudiantes para las Pruebas Saber.

Las Pruebas Saber son evaluaciones externas que parten de parámetros nacionales contemplados en los lineamientos específicos acuñados por el Instituto Colombiano para la Evaluación de la Educación (Icfes), basados en componentes importantes de los lineamientos curriculares y de los estándares básicos de competencias del Ministerio de Educación Nacional (MEN). Estas pruebas periódicas (aplicadas de manera censal y muestral) tienen como objetivo contribuir al mejoramiento de la calidad de la educación colombiana mediante la evaluación de las competencias básicas de los estudiantes y el análisis de los factores que inciden en sus logros (Icfes, 2012, p. 9).

Las pruebas Saber tienen sus propias características, por tanto, es indispensable preparar a los estudiantes para que puedan responder de forma adecuada las preguntas planteadas. Este trabajo ofrece orientaciones para las Pruebas Saber de los grados tercero, sexto y noveno. Con este fin, se ofrece un libro para estudiantes de primaria de primero a tercero, que presentan la prueba en tercero; otra para los estudiantes de cuarto y quinto, que presentan la prueba en quinto y además una cartilla para los jóvenes de bachillerato, de sexto a noveno, que presentan la prueba en este grado.

Esta *Guía del maestro* va acompañada de tres libros anexos en las que los estudiantes encontrarán ejercicios que les van ayudar a avanzar en el desarrollo de sus competencias lectora y escritora, puesto que éstas constituyen la base de la prueba de Lengua Castellana; además, su dominio facilita la comprensión de las pruebas de las demás áreas del conocimiento. Cada libro contiene ejercicios con diversidad de textos (verbales y no verbales), acordes con el nivel educativo de los estudiantes, sus intereses y necesidades, y que siguen los parámetros establecidos para las Pruebas Saber.

Esperamos que este libro sea un valioso aporte para el trabajo de los educadores y el de sus estudiantes.

Lenguaje y desarrollo humano

Desde que el ser humano buscó las primeras formas de comunicarse, con gestos y sonidos al comienzo y más tarde con símbolos y palabras, logró expresar sus emociones e ideas. García Márquez, desde su visión poética, nos hace soñar con que seguramente la primera palabra que se pronunció fue una de amor. Muchas son las teorías al respecto, sin embargo, la invitación es a reflexionar acerca del papel del lenguaje en el desarrollo humano integral a partir de su naturaleza, de sus características y de su teoría.

Naturaleza del lenguaje

Cuántas veces los seres humanos no se arrepienten de no haber expresado su opinión o sus sentimientos o de no haber callado sus emociones, porque el poder del lenguaje es incalculable, en este caso, el de la palabra. Las personas se forman y se construyen a través de la palabra, de lo que piensan, de lo que dicen, de lo que escuchan; es decir, se puede descubrir el interior de un ser humano por la forma en que se comunica y actúa.

En la película *Náufrago* (2000), del director Robert Zemeckis, el protagonista sobrevive solitario en una isla; desesperado por la falta de comunicación, decide dibujarle con su sangre una especie de rasgos humanos a un balón de voleibol al que bautiza como Wilson y con el que habla y se convierte en su única compañía durante los siguientes cuatro años. Esta situación demuestra que la persona, como ser social, necesita expresarse y la palabra hablada o escrita es por excelencia la forma de hacerlo.

Rafael Echavarría (2003, p. 21) así lo expresa al afirmar que:

> Los seres humanos son seres lingüísticos, seres que viven en el lenguaje. El lenguaje, postulamos, es la clave para comprender los fenómenos humanos. Por cuanto, es precisamente a través del lenguaje que conferimos sentido a nuestra existencia y es también desde el lenguaje que nos es posible reconocer la importancia de dominios existenciales no lingüísticos. La experiencia humana, lo que para los seres humanos representa la experiencia de existencia, se realiza desde el lenguaje.

Funciones y características del lenguaje

El lenguaje es considerado como el sistema de significación, comunicación e interpretación de la realidad propio de los seres humanos, que se practica en un contexto de construcción social. Desde la cuna, la persona desarrolla una forma de lenguaje para construir y expresar significados que responden a sus necesidades comunicativas, pues de modo constante todos los seres se comunican a través de palabras, gestos, actitudes, diversos símbolos…

En la vida del ser humano, el lenguaje desempeña diferentes funciones, entre ellas:

— **Función significativa**: aunque pareciera obvio reconocer como función básica del lenguaje la significación, es decir, la producción de sentido, este es un concepto relativamente nuevo. *Los Lineamientos Curriculares de Lengua Castellana del Ministerio de Educación Nacional* (1998, p. 47), al retomar los planteamientos del lingüista colombiano Luis Baena, le dan énfasis a la significación, porque se considera que, pese a estar en interacción con otros sujetos culturales, mediante el lenguaje es que se configura el universo simbólico y cultural de cada individuo.

Además de la significación como función esencial del lenguaje, se reconocen otras funciones relacionadas con ésta y que son también fundamentales:

— **Función cognitiva**: el ser humano, cuando emplea el lenguaje como mediador, desarrolla procesos de razonamiento para comprender la realidad y construir conocimiento. Por tanto, el lenguaje y el pensamiento son fundamentales en todo proceso de construcción del desarrollo personal, es lo que le permite a la persona la búsqueda y el descubrimiento de lo no conocido. Es a través del lenguaje que el ser humano expresa ideas, conceptos, raciocinios y juicios del pensamiento; pero además de poder expresarlo, el pensamiento se conserva por medio del lenguaje. Por consiguiente, el lenguaje posibilita, desarrolla, determina y conserva el pensamiento.

— **Función comunicativa**: posibilita la interacción social al valerse del lenguaje para establecer relaciones humanas; así, se logra el intercambio de ideas, la manifestación de sentimientos, el análisis de situaciones, la emisión de juicios, el logro de acuerdos o las discrepancias, en fin todo lo que supone la convivencia en sociedad y que lleva a la búsqueda de unos propósitos bien sea para interpretar o para transformar la realidad. Por mucho tiempo se consideró la comunicación como la función principal del lenguaje.

— **Función expresiva:** se manifiesta en el uso del lenguaje para crear mundos posibles y, en gran parte, está relacionado con la estética, por ejemplo, las creaciones narrativas que expresan las vivencias y fantasías de las personas. La expresividad a través de la palabra, la imagen u otra forma de lenguaje pone de manifiesto la subjetividad del individuo, su mundo interior, en fin, lo que conforma su identidad.

En efecto, el uso de la palabra y de otras formas de lenguaje le ha permitido al ser humano reflexionar acerca de lo que es y pensar el mundo que lo rodea. Es decir, permitió el significado, el razonamiento, el conocimiento. Cuando una persona se expresa no solo está describiendo la realidad, sino que la está interpretando según su propia visión del mundo, sus conocimientos, sus creencias, su sexo, su edad, entre otros. El lenguaje aporta a la creación de una cultura y a su vez a la expresión de la misma. De este modo, la persona se va construyendo a sí misma gracias al dominio del lenguaje (en especial de la palabra), junto con el dominio del cuerpo y de sus emociones.

Asimismo, los humanos, a diferencia de los animales inferiores, tienen la capacidad de planificar acciones complejas y transformar su entorno social y físico. Para esto, el lenguaje funciona como instrumento fundamental en las tareas de planeación, organización y ejecución de la acción. Por tanto, el lenguaje está directamente relacionado con la acción, pues cuando al hablar, la persona consigue que se ejecuten acciones, ya que el lenguaje genera actividad. Cuando un maestro orienta a sus estudiantes en un trabajo de clase, puede persuadirlos en favor de un determinado tema, hacerles ver aspectos o situaciones, impulsarlos a descubrir, a crear; en fin, a generar probabilidades y mundos posibles. De la misma manera, la palabra en sí es una acción, la acción de hablar o escribir, que permite desarrollar las actividades diarias; por ejemplo, por medio de la palabra hablada se puede preguntar dónde queda una oficina, hacer un pedido en la cafetería, saludar a un compañero, expresar un sentimiento, contar un chiste; es decir, se logra la interacción social al iniciar y mantener las relaciones con otras personas.

Por tanto, al hablarle o escribirle al otro y al escucharlo o leerlo se le reconoce como persona, se comunican sentidos, se expresan emociones, se generan acciones y se mantiene contacto con el mundo. De ahí que cuando una persona, por ejemplo un niño, se silencia y se aísla de los demás, los otros reaccionan con preocupación.

Además, en la vida en sociedad, el uso de la palabra ha sido considerado como un derecho individual y colectivo, pues al emplearla junto con la imagen y otras formas de lenguaje puede mover grupos hacia un propósito; por esto, en las sociedades dictatoriales o fanáticas se niega el derecho a la discusión o a la libre expresión.

Estudios y enfoques del lenguaje

El tema del lenguaje siempre ha sido motivo de análisis, desde la antigüedad hasta hoy. En la antigüedad, con una mirada filosófica; en la actualidad, el estudio lingüístico se ha enriquecido con el aporte de otras ciencias (además de la filosofía) como la sicología, la sociología, la etnografía, la epistemología, la pedagogía, entre otras; dándole así una mirada global y transdisciplinaria.

Durante varias décadas, el lenguaje se estudió mediante la ontogenia y la filogenia. La *ontogenia* se encarga del análisis del proceso por el cual el ser humano ha desarrollado el lenguaje y la *filogenia* estudia la evolución histórica del lenguaje. Es decir, la primera, desde una perspectiva biológica y la segunda, desde un enfoque sociocultural; sin embargo, estas dos visiones no aparecen aisladas, son complementarias, pues el hecho de que el ser humano haya evolucionado biológicamente para estar en capacidad de producir lenguaje está ligado al desarrollo sociocultural, logrado y demostrado a través de su interacción con la comunidad. Se ha confirmado que un individuo no sólo recibe estímulos, sino que también los interpreta y analiza el efecto de sus acciones. Según Geertz (1973), ambos modos de realización lingüística son resultado de la interacción entre factores biológicos y culturales, que vistos desde una mirada sincrónica actual, están fuertemente imbricados.

Por tanto, según el enfoque interaccionista, el desarrollo cognitivo se logra por las interacciones del sujeto en su contexto social y cultural; además, los procesos de aprendizaje producidos en el sistema nervioso central (snc) se reconocen como procesos complejos del individuo y una respuesta más elaborada con respecto a sus entornos ambiental, social y cultural. Por consiguiente, el lenguaje es un fenómeno social, resultado de la interacción entre individuos biológicamente capacitados. No obstante, para lograr esa interacción, los miembros de una comunidad necesitan compartir un mismo sistema de signos (un idioma, unas actitudes, unos símbolos). Es decir, el lenguaje es resultado de factores innatos y adquiridos, pues el lenguaje obedece a impulsos internos y externos; así, cuando no existen condiciones internas (físicas o sicológicas) también falla la facultad del lenguaje; por tanto, para el estudio de estos aspectos se ha acudido a la sicolingüística y la sociolingüística.

Desde la lingüística y la pedagogía también se han presentado importantes avances en el estudio del lenguaje verbal. Si se hace un breve y somero recorrido histórico por los enfoques que han orientado estos estudios, se puede ver que el método tradicional de carácter formalista buscaba que el lector repitiera casi al pie de la letra las palabras de una lectura y que copiara muy bien los escritos (con bonita letra y ortografía). A comienzos del siglo XX surge el enfoque estructuralista, que considera a la lengua como una estructura, un sistema abstracto de relaciones, y que, por tanto, basa su estudio en la descripción de sus enunciados. Es posible que muchos no olviden todavía los análisis de oraciones realizados mediante unos recuadros que subdividían los componentes del sujeto y el predicado; oraciones distantes del uso cotidiano y que debían adaptarse para tal análisis. Por consiguiente, desde esta visión, el texto es considerado como una estructura, compuesto por diferentes elementos que el autor (emisor) relaciona de determinada forma para que el lector u oyente (receptor) pueda extraer su significado, sin una vinculación pragmática; esta concepción, a pesar de los nuevos aportes, no tiene en cuenta el papel activo del lector o aprendiz y lo limita a simple receptor de las ideas del autor.

Más adelante, entre las décadas de 1980 y 1990, se plantea el enfoque semántico comunicativo para la enseñanza del lenguaje y el acercamiento al texto. John L. Austin con la teoría de los actos de habla (1962), y después John Searle (1986) señalan como función esencial del lenguaje la comunicación, y tienen en cuenta los actos de habla propios de la comunicación cotidiana. Planteamiento que conlleva el acercamiento al lenguaje, no sólo como objeto de estudio desde su estructura (concepción tradicional), sino desde sus funciones, en especial la función comunicativa, que Searle considera básica. Estos planteamientos se evidencian en la resolución 10568 de 1990 del Ministerio de Educación Nacional, que establece una serie de innovaciones educativas en el plan curricular de educación básica primaria, secundaria y media vocacional. Se incluyen la semiología y la semiótica como ciencias dedicadas al estudio de la significación y de los signos, cuyo aporte contribuye a una mejor comprensión de las funciones del lenguaje.

De igual modo, con aportes de la sicolingüística y sociolingüística se hacen estudios acerca de la producción y comprensión del lenguaje, con base en la interacción. Así, se enfoca la comprensión y la producción textual desde los procesos de lenguaje y pensamiento que tienen lugar en el receptor al oír, leer, percibir o producir un mensaje. Estos planteamientos se basan en las teorías cognitivas; especial valor aporta la idea del conocimiento previo, al aceptar que un nuevo conocimiento está condicionado por el saber o preconcepto que se posee, planteado por Jean Piaget a mediados del siglo XX. Así, el nuevo conocimiento viene a transformar la red de conocimientos y recuerdos significativos de una persona. De esta forma, se establecen relaciones entre los dos tipos de información, la previa y la nueva, hasta constituir una red de conceptos que la persona guarda en su memoria a largo plazo.

A mediados de la década de 1980, se desarrollan los planteamientos de la *lingüística textual*. Uno de sus exponentes es el lingüista Teun A. Van Dijk (1978). Su aporte central es considerar el texto como unidad significativa global; como un todo compuesto por unos elementos interdependientes; por tanto, cada texto tiene su estructura interna (macroestructura) y unos recursos formales que organizan esa globalidad; sin olvidar al mismo tiempo el nivel semántico (la coherencia) y el nivel sintáctico (la cohesión). Otro concepto fundamental y básico de la lingüística textual es el de tipo de texto; así, propone clasificaciones de los textos desde una perspectiva formal y funcional, conocidas como tipologías textuales. Así mismo, se reconoce que un texto puede ser tan extenso como un cuento o un poema o tan breve como un aviso publicitario o una oración; y que, además, puede adoptar diversas modalidades: noticia, carta, descripción, informe, entre otras. En consecuencia, en las instituciones educativas se impulsa el trabajo con variados tipos de texto.

Por otra parte, la idea de texto fue ampliada con una orientación sociocognitiva, al tener en cuenta la relación entre el texto y su contexto, es decir, la situación comunicativa; las condiciones de su enunciación o la realidad objetiva donde se desarrolla, estas condiciones se observan no sólo en la globalidad del texto mismo sino dentro del acto comunicativo (condiciones de momento y lugar); como también el entorno social que rodea al autor y al lector. Algunos autores señalan que la interpretación del mundo y de la realidad antecede a la lectura y producción de un texto.

Los postulados anteriores fueron reforzados desde la *teoría de la enunciación*, al plantear que en el proceso de dar significación a un texto participan diferentes factores: quien escribe o habla (enunciador), a quien se dirige (enunciatario-destinatario), intención o propósito, tipo de texto, tema, el objetivo del lector ante el texto, el lugar y las condiciones en las cuales se desarrolla la lectura, el entorno social del lector o escritor y sus concepciones.

Otro avance, en este sentido, se logra al estudiar las expresiones del lenguaje desde la teoría y análisis del *discurso*: "Las acciones humanas son fundamentalmente discursivas; la realidad social se construye en los intercambios comunicativos que las personas construyen y han construido a lo largo de la historia" (Habermas, 1989) Teoría que, además de destacar la interacción comunicativa, retoma la teoría de la enunciación y tiene en cuenta los actos de habla y la pragmática del lenguaje. Se reconoce el discurso como un texto en uso dentro de un contexto social específico y al estudiarlo, además de los aspectos lingüístico, cognitivo y el contexto local de la acción comunicativa, se tiene en cuenta el gran aporte del contexto sociocultural.

Este concepto va más allá del texto como elemento lingüístico, pues incluye también los procesos cognitivos desarrollados en la acción o práctica comunicativa y la gran influencia del entorno local y sociocultural de ésta, ya que el lugar determina la forma de comunicarse bien sea un aula o un encuentro entre amigos; asimismo, la comunidad, región o país donde se lleve a cabo la interacción se verá reflejada. Es decir, asume los conceptos de texto y contexto en sentido más amplio al incluir: los temas tratados, la organización textual, los tipos de texto y sus géneros,

los interlocutores, las circunstancias espacio temporales, los soportes o medios de difusión (ya sean virtuales o impresos), basada en enfoques socioculturales. Como lo expresan Calsamiglia y Tusón (2002, p. 16):

> Desde el enfoque discursivo, hablar o escribir son prácticas sociales, no es otra cosa que producir piezas textuales orientadas a unos fines y que se dan en interdependencia con el contexto (lingüístico, local, cognitivo y sociocultural)... una forma de acción entre las personas a partir del *uso lingüístico contextualizado*, ya sea oral o escrito.

Figura 1. El discurso y sus contextos

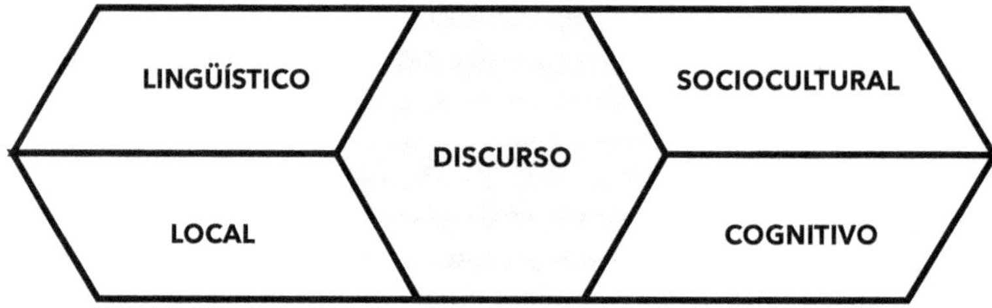

Incluye además del componente lingüístico otros factores determinantes del sentido

Además, se reconoce la existencia de los géneros discursivos como formas estables de enunciados. Algunos autores determinan dos modalidades textuales de acuerdo con la trama y la modalidad: narración y exposición, y dentro de ellas una gran diversidad de textos y géneros, cada uno con sus propias características. Por ejemplo, en el texto expositivo se encuentran diversos géneros como: artículo de opinión, reglamentos, reseña...; otros diferencian los textos según la temática, y dentro de ellos los diversos géneros, por ejemplo, dentro del género jurídico: demanda, tutela, sentencia, expediente...

Después de este rápido recorrido, es posible concluir que el uso y el estudio del lenguaje en general y de una lengua en particular ha variado a través del tiempo y depende de diversas concepciones del ser humano, ya que se trata de una expresión cultural que evoluciona de modo constante ante la aparición de nuevas necesidades de expresión y circunstancias sociohistóricas. Para la enseñanza del lenguaje, se ha pasado de un enfoque formalista a uno funcionalista desde el enfoque comunicativo, basado en el desempeño; es decir, en el desarrollo de capacidades comunicativas dentro de un entorno social. Además, a partir de mediados del siglo

XX, la evolución se ha dado como un avance y ampliación de la propuesta anterior y no como una negación de la misma.

Aportes al desarrollo humano

Es innegable el aporte del lenguaje al desarrollo humano, puesto que propicia la creación de significado, la comunicación y la expresividad, procesos que contribuyen a la formación integral de la persona en sus diferentes dimensiones y al desarrollo de las competencias básicas como miembro de un grupo social y en su desempeño laboral.

Desarrollo integral

El lenguaje ha sido determinante en el desarrollo integral del individuo y de la sociedad, para crear significado, interpretar y transformar el mundo y construir nuevas realidades. Por ser una expresión cultural, el lenguaje influye en la forma de transmisión de conocimientos de una generación a otra, la conservación de valores, la preservación de las tradiciones y la conservación de la memoria cultural en general, bien sea por medio de la palabra escrita, de la oralidad u otra forma de lenguaje.

Diferentes autores, con el concurso de varias disciplinas, han estudiado y demostrado la estrecha relación entre pensamiento y lenguaje. El sicólogo ruso Lev S. Vigostky planteó que el pensamiento y el lenguaje se desarrollan en una interrelación dialéctica. El lenguaje como instrumento del pensamiento le permite al ser humano, como individuo, atrapar e interpretar la realidad; asimismo, posibilita mantener en la memoria los conceptos que como persona ha ido construyendo. Además, Vigotsky y sus seguidores enfatizan en la importancia de la interacción del niño con adultos relevantes dentro de su medio social, para poder lograr su desarrollo, proceso en el cual la lengua y el lenguaje son herramientas fundamentales; por tanto, el papel del maestro como adulto experimentado es definitivo en el desarrollo de niños y jóvenes. Al respecto, Jerome Bruner (1998) destaca el papel del lenguaje en el proceso de adquisición de conceptos, desarrollo del pensamiento lógico y también del pensamiento subjetivo (como el pensamiento narrativo) y señala la importancia de la interacción para facilitar las potencialidades, intenciones y logros dentro del aprendizaje.

De ahí la necesidad de motivar a los estudiantes para que dialoguen acerca de los temas que les interesan y de sus proyectos, para poder orientarlos en la planeación de acciones y la reflexión acerca de sus aprendizajes, incluyendo avances y dificultades para encontrar de manera conjunta las soluciones apropiadas. El diálogo que permite la reflexión, la conceptualización y el aprendizaje, poco o nada se ha atendido en la escuela, por tanto, se ha desaprovechado una herramienta didáctica muy valiosa, tal vez con el convencimiento de que es suficiente explicar un tema y que los estudiantes lo entiendan. Asimismo, el lenguaje hablado y el escrito facilitan los procesos de expresión de conceptos y resolución de problemas de las diferentes áreas de conocimiento, como también la solución de conflictos de carácter convivencial.

Otra posibilidad que brinda el lenguaje en el desarrollo de los estudiantes es la autorreflexión sobre los aprendizajes logrados y la forma de conseguirlos (metacognición), pues no sólo permite la interiorización de los conocimientos sino el análisis de los propios procesos de construcción de saber para, así, descubrir sus potencialidades y aprovecharlas al máximo y buscar la superación de las dificultades y de las ignorancias, pues cuando una persona reconoce lo que le falta aprender sobre un tema o actividad con más facilidad encontrará y planeará la forma de superarlo. Todo ser humano tiene mayores facilidades para unos saberes y desempeños en unas áreas que en otras, lo importante, como maestros, es descubrirlos y aprovecharlos y no buscar homogenizar a los educandos. Así que es necesario promover la expresión oral y la escrita para detectar los conocimientos previos de los estudiantes y para incentivar preguntas, plantear ideas, percepciones, inquietudes o temores, expectativas, conclusiones, entre otras, en relación con temas o acciones propios del aprendizaje.

En conclusión, la adquisición del lenguaje y su progreso a través de los años es un proceso decisivo en el desarrollo integral del ser humano y, por tanto, en el avance cultural de un grupo social para conseguir los propósitos que como individuo y sociedad se hayan planteado.

Desarrollo de competencias

Los profesores de lenguaje se encuentran ante la disyuntiva de qué y cómo organizar la enseñanza de forma que los estudiantes logren los aprendizajes necesarios para actuar como ciudadanos activos, desarrollar un espíritu crítico, ejercer una profesión y continuar aprendiendo a lo largo de su vida.

Durante mucho tiempo, la escuela ha centrado su quehacer en los conocimientos y le ha dado predominio a la asimilación y memorización. Para superar este modelo, se han presentado diversas propuestas pedagógico-didácticas, entre ellas, el desarrollo de competencias. El concepto de competencia ha ido evolucionando en las últimas décadas, pues son numerosos los estudios y las investigaciones al respecto. Inicialmente se adoptó en el mundo laboral y comercial, aunque pronto se extendió al ámbito educativo con el propósito de buscar una aplicación de los conocimientos escolares teóricos en la práctica cotidiana, con el fin de conseguir una mejor gestión y eficiencia en los desempeños.

Desde que Noam Chomsky en 1957 presentó la noción de competencia lingüística como la capacidad innata de un hablante y oyente ideal para emitir y comprender un número limitado de oraciones en una comunidad de habla homogénea, surgieron nuevos planteamientos que se fueron enriqueciendo con el aporte de diferentes disciplinas y que permitieron un avance en el tema.

En el informe *La educación encierra un tesoro,* Delors (1996, p. 34) plantea los cuatro pilares básicos para la educación: saber hacer, saber ser, saber conocer y saber vivir juntos. Señala que aprender a conocer y aprender a hacer son, en gran medida, indisociables. Pero lo segundo está más estrechamente ligado a la cuestión de la formación profesional. ¿Cómo enseñar al estudiante a poner en práctica sus conocimientos y, al mismo tiempo, cómo adaptar la enseñanza al futuro mercado del trabajo cuya evolución no es previsible en su totalidad?

En Colombia, el Ministerio de Educación Nacional (MEN) al expedir los Lineamientos curriculares (1998, p. 33) estableció una nueva orientación para la educación. Uno de los aspectos que considera es precisamente el trabajo por competencias. Al respecto plantea: "Las competencias se definen en términos de 'Las capacidades con que se cuenta para...' (...) sólo se visualiza a través de desempeños, de acciones, sea en el campo social, cognitivo, cultural, estético o físico".

En las orientaciones para las Pruebas Saber se define la competencia como:

> Un saber hacer flexible que puede actualizarse en distintos contextos, es decir, como la capacidad de usar los conocimientos en situaciones distintas de aquellas en las que se aprendieron. Implica la comprensión del sentido de cada actividad sus implicaciones éticas, sociales, económicas y políticas. (Icfes, 2013, p. 9).

A propósito, Perrenoud (2011, p. 11) propone una mirada más amplia: "El concepto de competencia representa una capacidad de movilizar varios recursos cognitivos para hacer frente a un tipo de situaciones"; asimismo, aclara que las competencias no son en sí mismas conocimientos, habilidades o actitudes, aunque estos recursos se evidencian en determinada situación; señala, también, que las competencias se crean durante el período de formación o educación y en el posterior desempeño cotidiano. Además, con base en conceptos de otros autores, recalca que:

> El ejercicio de las competencias pasa por operaciones mentales complejas sostenidas por esquemas de pensamiento, los cuales permiten determinar (más o menos de un modo consciente y rápido) y realizar (más o menos de un modo eficaz) una acción relativamente adaptada a la situación.

Así, al manifestar una competencia se explicitan "conocimientos teóricos y metodológicos, actitudes, habilidades y competencias más específicas, esquemas motores, esquemas de percepción, evaluación, anticipación y decisión". Como se ve, este enfoque no sólo tiene en cuenta "el hacer" sino que explicita los procesos mentales que subyacen a una acción consciente y la adaptación a una situación, que bien puede ser el aula o el medio social.

De igual forma, el MEN (2006, p. 12) explica que "La competencia no es independiente de los contenidos temáticos de un ámbito del saber qué, del saber cómo, del saber por qué, o del saber para qué, pues para el ejercicio de cada competencia se requieren muchos conocimientos". También aclara que "Los estándares básicos de competencias plantean el qué y no el cómo", así, el Proyecto Educativo Institucional (PEI) de cada institución marcará el énfasis educativo y el enfoque pedagógico, organizará los planes y programas y cada maestro podrá elaborar su planeación y su práctica pedagógica acorde con el entorno sociocultural de la institución y las características de los estudiantes.

Al concretar las competencias en los campos disciplinares de Lenguaje, Matemáticas, Ciencias y Ciudadanía, el MEN (2006, p. 11) centra los procesos de enseñanza y aprendizaje y la evaluación en el desarrollo de competencias.

> … los estándares básicos de competencias constituyen uno de los parámetros de lo que todo niño, niña y joven debe saber y saber hacer para lograr el nivel de calidad esperado a su paso por el sistema educativo y la evaluación externa e interna es el instrumento por excelencia para saber qué tan lejos o tan cerca se está de alcanzar la calidad establecida en los estándares.

Este planteamiento lleva a mirar los estándares como uno de los referentes de calidad, aunque no el único, como también está explicado en los lineamientos: "la noción de competencia es una categoría pensada desde la constitución y formación de sujetos en diferentes dimensiones de su desarrollo"; por tanto, corresponde a la institución escolar y a los maestros el mejoramiento de las diferentes dimensiones humanas para lograr un verdadero desarrollo integral de los estudiantes y así superar la visión de competencia y estándar sólo como un referente que permite evaluar a los estudiantes.

A propósito, en las orientaciones del *Marco común europeo de referencia para las lenguas: aprendizaje, enseñanza, evaluación* (Council for Cultural Cooperation, 2001, p. 10) se enfatiza en que educar para la vida supone desarrollar una serie de competencias que permitan al individuo dar respuesta a las situaciones y problemas que se le van a presentar a lo largo de su vida en todos los ámbitos: social, interpersonal, personal y profesional.

Competencias en lenguaje

Son varias las competencias asociadas con el lenguaje, aunque la más reconocida es la competencia comunicativa. El desarrollo de estas competencias es decisivo no sólo en el área de lenguas sino en las diversas disciplinas escolares, ya que juegan un papel definitivo en la comprensión de las mismas.

Competencia comunicativa

Es una de las principales competencias generales asociadas al desarrollo humano y se relaciona con manejo del lenguaje; se logra cuando se emplean de forma apropiada unos conocimientos, destrezas y normas para interactuar socialmente de manera correcta y adecuada, según las características propias del texto y de la situación comunicativa; como lo reconocen algunos investigadores, entre ellos Del Hymes:

> Dicho de otra manera: al aprender a usar una lengua no sólo aprendemos a construir frases gramaticalmente correctas (como subraya Chomsky) sino también a saber qué decir, a quién, cuándo y cómo decirlo y qué y cuándo callar

> (...). La competencia lingüística integra conocimientos no sólo gramaticales sino también estratégicos, sociolingüísticos y textuales sin cuyo dominio no es posible un uso competente de la lengua en nuestras sociedades (Carlos Lomas, 2010).

El ejercicio de la competencia comunicativa implica el dominio de unas competencias más específicas, que podrían llamarse subcompetencias. Con base en propuestas de destacados autores (Lomas, 2010), se reconocen estas competencias específicas:

— Una competencia lingüística o gramatical, entendida como la capacidad innata para hablar una lengua y a la vez como el conocimiento de la gramática de esa lengua: el dominio de esta competencia favorece la corrección expresiva de los enunciados lingüísticos.
— Una competencia sociolingüística, referida al conocimiento de las normas socioculturales que condicionan el comportamiento comunicativo en los diferentes contextos comunicativos. La competencia sociolingüística está asociada a la capacidad de adecuación de las personas a las características del contexto y de la situación de comunicación.
— Una competencia estratégica, que se refiere al conjunto de recursos que se pueden utilizar para reparar los diversos problemas que se pueden producir en el intercambio comunicativo (desde los malentendidos hasta un deficiente conocimiento del código), y cuya finalidad es hacer posible la negociación del significado entre los interlocutores.
— Una competencia textual, relativa a los conocimientos y habilidades que se precisan para poder comprender y producir diversos tipos de textos con cohesión y coherencia. Sin embargo, al hablar de lo discursivo se hace referencia al uso de los textos en situaciones reales de uso.

Además, como parte de esta competencia textual se pueden reconocer otros dos tipos de competencias específicas muy relacionadas con el campo pedagógico-didáctico: la competencia literaria, que incluye los conocimientos, las habilidades y las actitudes que favorecen la lectura, el disfrute y creación de los textos literarios o de intención literaria y la competencia semiológica y mediática que incluye los conocimientos, las habilidades y las actitudes que favorecen una interpretación crítica de los usos y formas de los medios de comunicación social.

Figura 2. Competencias en Lenguaje

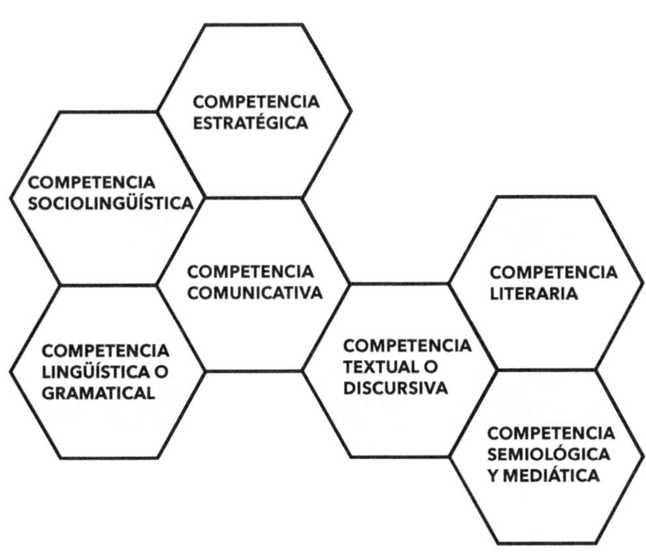

El gráfico muestra la relación entre la competencia comunicativa y otras competencias del lenguaje más específicas

En igual sentido está planteado en los Lineamientos curriculares (1998), cuando reconocen como parte de las competencias relacionadas con el campo del lenguaje a las competencias gramatical, textual, semántica, pragmática o sociocultural, enciclopédica, y también las competencias literaria y poética.

Competencia discursiva

En los últimos años, se le ha dado especial énfasis al desarrollo de la competencia discursiva con base en los estudios y análisis del discurso. El discurso hace referencia a una práctica social, un texto en uso.

La competencia discursiva se refiere a las prácticas socioculturales relacionadas con el lenguaje, que las personas ejecutan al interactuar. Incluye prácticas como la oralidad, la lectura y la escritura, en las que intervienen saberes, conocimientos y procesos cognitivos; están enmarcadas y determinadas por contextos locales y socioculturales determinados.

Estructura del área de lengua castellana

La educación en Colombia tiene sustentos legales basados en la Constitución Política (1991) y reglamentados por leyes, decretos y diversas normas que buscan darle coherencia a la trascendente labor de educar. Dentro de los derechos fundamentales de los niños, además de la vida, la integridad física, la salud, entre otros, se proclama el derecho a la educación, la cultura y la libre expresión de su opinión (artículo 44). Más adelante insiste:

> La educación es un derecho de la persona y un servicio público que tiene una función social: con ella se busca el acceso al conocimiento, a la ciencia, a la técnica, y a los demás bienes y valores de la cultura. La educación formará al colombiano en el respeto a los derechos humanos, a la paz y a la democracia; y en la práctica del trabajo y la recreación, para el mejoramiento cultural, científico, tecnológico y para la protección del ambiente (Constitución Nacional, artículo 67).

Respecto a la enseñanza de la lengua, en el Título I, declara que:

> El castellano es el idioma oficial de Colombia. Las lenguas y dialectos de los grupos étnicos son también oficiales en sus territorios. La enseñanza que se imparta en las comunidades con tradiciones lingüísticas propias será bilingüe (artículo 10).

Objetivos generales de la enseñanza de la lengua castellana

El trabajo educativo en la escuela está orientado por unos objetivos dispuestos en la Ley General de Educación (Ley 115, MEN 1994, p. 11). Se seleccionaron de manera específica los objetivos relacionados con la enseñanza de la Lengua Castellana en los ciclos que se están teniendo en cuenta para esta propuesta.

Educación básica en el ciclo de primaria:

— Desarrollar las habilidades comunicativas para leer, comprender, escribir, escuchar, hablar y expresarse correctamente, así como el fomento de la afición a la lectura.
— Desarrollar la capacidad para apreciar y utilizar la lengua como medio de expresión estética.

Educación básica para el ciclo de secundaria:

— Desarrollar la capacidad para comprender textos y expresar correctamente mensajes completos, orales y escritos en lengua castellana, así como para comprender, mediante un estudio sistemático, los diferentes elementos constitutivos de la lengua.
— La valoración y utilización de la Lengua Castellana como medio de expresión literaria y el estudio de la creación literaria en el país y en el mundo.

Para concretar estos objetivos, los educadores tendrán que impulsar y orientar a los estudiantes en el desempeño de prácticas de oralidad, lectura y escritura de diversos géneros discursivos que contribuyan a su formación como personas y que los lleven a interpretar y transformar su contexto local y sociocultural.

Asimismo, con base en estas prácticas, a desarrollar estudios de forma acerca de la lengua castellana, la literatura y otros sistemas simbólicos. De este modo, los estudiantes lograrán no solo saber hacer sino conocer las bases conceptuales sobre las cuales se sustenta ese hacer.

Al tener en cuenta las variedades lingüísticas y literarias determinadas por el contexto sociocultural se propicia no solo el reconocimiento y valoración de la diferencia sino también una mirada investigativa que les permite a los estudiantes llevar a la práctica sus conocimientos teóricos y, viceversa, partir del estudio de la realidad descubrir y construir conocimiento. Así, cuando un estudiante o un grupo se encuentra ante una situación social, por ejemplo, participar o promover una campaña ciudadana en favor de la construcción de un centro cultural, con seguridad desarrollarán prácticas lectoras, escritoras y orales al respecto, entonces el maestro las aprovechará para estudiar las características de contenido y de forma, del tipo textual o género en uso, bien sea una carta, un artículo periodístico, unos afiches, unos volantes, unos plegables explicativos, un foro. En fin, cada maestro y grupo lo desarrollará según sus necesidades, circunstancias y su proyecto de aula. Es decir, se aprende desde situaciones reales de comunicación, que es donde cobra sentido la enseñanza y el aprendizaje.

En el documento de *Estándares básicos de competencias en Lenguaje, Matemáticas, Ciencias y Ciudadanas* (2006), el MEN determina unos criterios y orientaciones para la organización curricular con base en el desarrollo de la competencia comunicativa y recalca la importancia de ser competente en el aspecto lingüístico para desempeñarse en la vida, reconociendo el papel del lenguaje en la evolución humana, en la interpretación del mundo y en la construcción de nuevas realidades. Además, contempla el lenguaje verbal y el no verbal. También establece una clara relación entre los conceptos de competencias, estándares y evaluación.

Ejes temáticos

En la asignatura de Lengua Castellana, la formulación de los estándares está orientada a desarrollar la competencia comunicativa. Los estándares están estructurados en cinco factores: producción textual, comprensión e interpretación textual, literatura, medios de comunicación y otros sistemas simbólicos, ética de la comunicación; cada factor a su vez consta de un enunciado identificador que presenta un saber específico y una finalidad, los cuales se concretan en unos subprocesos que posibilitan el alcance de los logros por parte de los estudiantes.

Por su parte, los estándares están planteados por grupos de grados: de primero a tercero; cuarto y quinto; sexto y séptimo; octavo y noveno; décimo y undécimo. Además, los estándares tienen una secuencialidad, de modo que para cada factor se enuncia un saber específico que contiene el anterior y lo amplía, de acuerdo con el nivel de desarrollo de los estudiantes del respectivo grado escolar, o mejor grupo de grados. Así, se busca un avance progresivo en la construcción de conceptos y en el desarrollo de competencias a partir de lo ya construido.

En cuanto a lo concerniente al factor de comprensión e interpretación textual se tiene lo siguiente:

Tabla 1. *Comprensión e interpretación textual*

1 a 3	Comprendo textos que tienen diferentes formatos y finalidades
4 a 5	Comprendo diferentes tipos de texto, utilizando algunas estrategias de búsqueda, organización y almacenamiento de información
6 a 7	Comprendo e interpreto diferentes tipos de texto para establecer sus relaciones internas y su clasificación en una tipología textual
8 a 9	Comprendo e interpreto diversos tipos de texto, para establecer sus relaciones internas y su clasificación en una tipología textual
10 a 11	Comprendo e interpreto textos teniendo en cuenta el funcionamiento de la lengua en situaciones de comunicación, el uso de estrategias de lectura y el papel del interlocutor y el contexto

La tabla muestra los indicadores reflejados en los subprocesos de comprensión e interpretación textual para cada uno de los grupos de grados

Al analizar esta secuencia, se puede ver cómo se orienta el aprendizaje de modo que el estudiante vaya trabajando desde el comienzo con diferentes tipos de texto y a medida que avanza se haga consciente de las características y estrategias para comprenderlos e interpretarlos, como puede percibirse en los subprocesos que, a su vez, funcionan como indicadores de logro. Aunque para cada grupo se hace énfasis en un tipo de texto, esto no significa que se vayan a dejar de lado otros que circulan en el aula y el medio social. De igual modo, al trabajar cualquier texto es necesario orientar a los estudiantes para que tengan en cuenta los diferentes elementos que aportan a su significación, así en los primeros cursos no se den elementos teóricos al respecto.

Para complementar el análisis de los estándares, conviene ver un ejemplo del factor de producción textual, tomado del documento del MEN:

Cuarto a quinto:

Tabla 2. *Producción textual*

Producción textual	
Produzco textos orales, en situaciones comunicativas que permiten evidenciar el uso significativo de la entonación y la pertinencia articulatoria.	Produzco textos escritos que responden a diversas necesidades comunicativas y que siguen un procedimiento estratégico para su elaboración.
Para lo cual, — Organizo mis ideas para producir un texto oral, teniendo en cuenta mi realidad y mis propias experiencias. — Elaboro un plan para la exposición de mis ideas. — Selecciono el léxico apropiado y acomodo mi estilo al plan de exposición así como al contexto comunicativo. — Adecuo la entonación y la pronunciación a las exigencias de las situaciones comunicativas en que participo. — Produzco un texto oral, teniendo en cuenta la entonación, la articulación y la organización de ideas que requiere la situación comunicativa.	**Para lo cual,** — Elijo un tema para producir un texto escrito, teniendo en cuenta un propósito, las características del interlocutor y las exigencias del contexto. — Diseño un plan para elaborar un texto informativo. — Produzco la primera versión de un texto informativo, atendiendo a requerimientos (formales y conceptuales) de la producción escrita en lengua castellana, con énfasis en algunos aspectos gramaticales (concordancia, tiempos verbales, nombres, pronombres, entre otros) y ortográficos. — Reescribo el texto a partir de las propuestas de corrección formuladas por mis compañeros y por mí.

Muestra de los indicadores que evidencian los logros previstos en la producción textual de los estudiantes de los grados cuarto y quinto

En el ejemplo se puede apreciar que los enunciados identificadores son amplios, en este caso, abarcan la producción textual oral y escrita. Al no estar especificado el tipo de texto oral, da oportunidad para que el maestro y el grupo de estudiantes escojan aquel que prefieran o consideren necesario; lo mismo sucede con el texto escrito, pues se puede elegir dentro de los diferentes géneros informativos. Al observar los subprocesos, se percibe que concuerda con el concepto de escritura como proceso, con unos pasos básicos: planeación, textualización y revisión; asimismo, atiende al propósito, interlocutor y características propias del texto y su contexto. Propuestas semejantes se hacen para la producción de otros tipos de texto, para diferentes grupos de grados escolares. Es decir, toma varios aspectos del enfoque de la pragmática del lenguaje.

Ahora, la idea es pensar cómo llevar a la práctica escolar las orientaciones planteadas en los Lineamientos curriculares y los Estándares de competencias, para que junto con el enfoque de cada institución escolar y el saber pedagógico de cada docente se encamine a los estudiantes hacia el logro de los mejores aprendizajes y, además, para respondan de forma adecuada a las pruebas externas.

Competencias lectora y escritora

El desarrollo de estas competencias está planteado en el documento de *Lineamientos curriculares* como uno de los ejes alrededor de los cuales pensar las propuestas curriculares: un eje referido a los procesos de interpretación y producción de textos, ligado por completo al eje de construcción de significados.

Competencia lectora

> "Leer es un proceso de construcción de significados a partir de la interacción entre el texto, el contexto y el lector" (MEN, Lineamientos, 1998). Además, desde el enfoque discursivo se puede agregar que es una práctica discursiva consistente en la búsqueda y construcción de significado. En la lectura interactúan: el *lector*, con sus objetivos lectores, motivación, conocimientos e historia personal; el *texto*, con su estructura, adecuación, concordancia y coherencia; y las *estrategias* que el lector emplea para poder interactuar con el texto y lograr su comprensión e interpretación; todos determinados por un contexto situacional (por ejemplo, el aula) y sociocultural. Así, el lector aporta sus conocimientos y experiencia previa, sus hipótesis y sus inferencias durante el proceso lector y, al mismo tiempo, utiliza estrategias para superar obstáculos y poder recapitular, resumir y ampliar la información. Todas estas operaciones son las que permiten a un lector comprender, atribuir significado

al texto en un proceso semejante al que Ausubel (1976) explicó para describir el aprendizaje significativo.

En los *Lineamientos Curriculares de Lengua Castellana* (1998), con base en un planteamiento de la Asociación Colombiana de Semiótica, se proponen unos niveles de comprensión lectora como referentes para caracterizar modos de leer y para su evaluación. En resumen, tales niveles se explican así:

— **Nivel literal**. El lector puede reconocer palabras y frases con sus significados de básicos; transcribir o resumir el contenido del texto. Se trata del "reconocimiento, primer nivel de significado del mensaje".
— **Nivel inferencial**. El lector va más allá de lo explícitamente dicho por el autor del texto, para descubrir otros sentidos, hacer anticipaciones y deducciones y también establecer relaciones entre los significados, ya sea de causa, consecuencia, comparación, implicación, inclusión, exclusión, agrupación, entre otros. Es decir, supone una interacción del lector con el texto. Así, por la inferencia, el lector sobrepasa la comprensión literal de un texto, va más allá del significado evidente.
— **Nivel crítico intertextual**. El lector no sólo reconoce lo que dice el autor e infiere los significados no explícitos, sino que además toma una posición crítica ante el mensaje. Para ello, pone en juego sus saberes y establece relación con otros textos ya conocidos; lo cual le permite tener una actitud analítica y crítica que lo lleva a configurar juicios frente a las ideas del autor, ya sea para estar de acuerdo o alejarse de ellas.

Algunos autores lo expresan de otra manera, pero con el mismo sentido: "leer las líneas (literal)", "leer entre líneas" (inferencial) y "leer detrás de las líneas" (crítica). Es necesario aclarar que estos niveles o grados de comprensión lectora no se logran de manera cronológica o por etapas, sino que se pueden dar de forma paralela; así, a medida que se va generando el significado, se van haciendo inferencias y tomando posición ante lo leído. Además, desde las primeras interpretaciones textuales un niño puede plantear una mirada crítica; como también habrá adultos que no han logrado este nivel por diversas circunstancias; entre ellas, porque en la escuela se le ha trabajado sobre todo a la literalidad.

Competencia escritora

De igual forma, el concepto de escritura o producción textual es reconocido como una práctica discursiva consistente en un proceso por el cual el autor genera significados que le permiten interactuar con otros por medio de un texto en el que se evidencian su pensamiento, sentimientos, historia y contexto sociocultural; y que planea, desarrolla y revisa de acuerdo con el tipo de texto, el tema, su intención, el posible lector, su función dentro del entorno social en el que se usa, entre otros aspectos.

De acuerdo con los estándares, esta competencia se refiere a la producción de textos escritos, de manera que atiendan a los siguientes requerimientos:

— Responder a las necesidades comunicativas, es decir, si se requiere relatar, informar, exponer, solicitar o argumentar sobre un determinado tema.
— Cumplir procedimientos sistemáticos para su elaboración.
— Utilizar los conocimientos de la persona que escribe acerca de los temas tratados, así como el funcionamiento de la lengua en las diversas situaciones comunicativas.

La escritura creativa, a diferencia de la simple copia (bien sea manual o de internet), juega un rol definitivo en el desarrollo del estudiante o de las personas en general, pues aporta a su progreso cognitivo, comunicativo y expresivo. Asimismo, la escritura, además de transmitir información, permite preservar el conocimiento y se constituye en "un instrumento para acrecentar, revisar y transformar el propio saber" (Carlino, 2009, p. 27).

De igual manera, hay que tener en cuenta que la lectura, la escritura y la oralidad se interrelacionan de forma continua; así, para producir un determinado tipo de texto es necesario leer y hablar con otros, por ejemplo, el profesor y los compañeros de clase, para comentar de modo analítico otros textos de buen nivel, de preferencia de autores destacados por el manejo de la palabra, para conocer no sólo acerca del tema que se estudia sino también de las características del género discursivo que se va a crear.

Autores como Daniel Cassany y Frank Smith, que se han dedicado a investigar cómo se logra la competencia escritora, establecen una relación directa entre la lectura y la escritura, y destacan la necesidad de ser buen lector para llegar a ser buen escritor. Sin embargo, para lograr este objetivo es necesario "leer como escritor"; es decir, desentrañando los recursos que el autor empleó para obtener un texto adecuado en su contenido y en su forma. Por ejemplo, además de comprender lo que dice, tener en cuenta qué tipo de texto es y si es acorde con el objetivo y las intenciones, a quién va dirigido, cómo es su estructura, qué estilo emplea, cómo va desarrollando el tema, cómo se construyen y conectan las oraciones, cómo se usa la puntuación y la ortografía. A propósito, Smith (1983, p. 171) plantea:

> ... Lo aprende de los textos ya escritos que han redactado otros escritores. Sólo estos textos muestran el uso de todos los conocimientos lingüísticos necesarios para escribir. El único modelo para escribir una carta es una carta ya escrita. Si alguien quiere aprender a redactar una noticia periodística tendrá que leer noticias de un periódico. Sólo en una instancia auténtica se puede encontrar la estructura, el registro y las palabras adecuadas para escribir otra.

De ahí la importancia de ofrecer a los estudiantes obras de autores reconocidos por su calidad dentro del género respectivo, ya sean textos de tipo narrativo o expositivo.

Proceso escritor

Al trabajar en el aula la escritura como un proceso significativo que además involucra unas funciones cognitivas, se reconocen unos momentos esenciales, como está planteado en los *Lineamientos de las Pruebas Saber* (2012, p. 18):

— **Planeación, pre-escritura o preparación:** esta primera fase es fundamental en la producción de un texto coherente; es el momento anterior a la escritura. Para ello, la persona que escribe debe pensar qué quiere comunicar y cómo hacerlo; por lo tanto, debe responder interrogantes relativos a la situación comunicativa, como: el objetivo o intención al escribir, el posible lector y sus necesidades, entre otros. Con base en lo anterior elabora un plan textual, acorde con la estructura y características propias del género respectivo.

— **Textualización**: es decir, escritura o elaboración de primera versión, en esta fase la persona que escribe plasma las ideas sobre el papel o la pantalla, buscando desarrollar lo planeado; además, anticipa preguntas que le permitirán vislumbrar el texto y evitar repeticiones. También incluye datos que considere importantes, evita la ambigüedad y las contradicciones en el texto, ordena su exposición para lograr que el texto tenga un hilo conductor y establece conexiones entre las ideas.

— **Revisión o reescritura:** significa releer, volver a mirar el texto para pulirlo. La persona que revisa su escrito busca omisiones, repeticiones innecesarias e información poco clara o que definitivamente sobra. Además, analiza el contenido, corrige los errores, suprime lo que no es apropiado y reacomoda algunas partes para que el significado sea más claro o más interesante. Es como ver el texto a través de una lente, de manera objetiva. Quien escribe es lector y escritor a la vez: tacha secciones, inserta líneas. Esto podría dar la idea de linealidad en el proceso, pero no es así. La escritura es un proceso recursivo. Es decir, mientras la persona escribe, va evaluando y revisando, realiza algunas modificaciones al plan inicial y vuelve a escribir hasta lograr cierto nivel de satisfacción ante su producción textual.

En cuanto a la oralidad (hablar y escuchar), hay que recalcar no sólo en las funciones estéticas y lúdicas que cumple sino también en la posibilidad del diálogo académico para construir conocimiento y manejar la convivencia. Vale recordar que los mitos, las leyendas, los cuentos tradicionales, las canciones, los refranes o los chistes tienen un origen oral y que la representación dramática como el teatro y el cine se basan en el diálogo expresivo para representar la vida del ser humano.

Además, es ineludible considerar el diálogo como la posibilidad de interacción entre personas que construyen saberes, pues permite la discusión y el consenso para llegar a soluciones o acuerdos ante problemas del conocimiento. Y respecto a conflictos, un gran valor del diálogo, que necesariamente deberá estar presente en la escuela, es su uso para lograr acuerdos en conflictos de carácter convivencial y social.

Asimismo, es necesario reconocer que durante la interacción oral entran en juego no sólo la palabra, sino otros elementos no verbales que se dan entre los interlocutores como la tonalidad de la voz, la gestualidad, la actitud corporal y la proximidad, los silencios, también el estatus de los participantes (por ejemplo maestro- estudiante); todo esto le aporta gran parte de la significación al acto comunicativo.

Formación en lenguaje

Acerca de este tema, en Colombia se vivencian en el aula las dos grandes tendencias para la enseñanza y aprendizaje del lenguaje: el formalismo y el funcionalismo. Aún son muchos los maestros que privilegian la enseñanza de normas gramaticales aisladas del contexto de uso, aunque desde la institucionalidad, bien sea el MEN, las universidades o la formación de docentes en ejercicio se haya hecho énfasis en darle prioridad a la enseñanza desde lo funcional. Sin duda es muy válido el aprendizaje que parte de las prácticas sociales, pues permite una mayor significación y comprensión del acto comunicativo; pero esto no supone un abandono del estudio de las normas que rigen la lengua castellana en sus diversos componentes, aprendizaje que se debe promover en especial durante la básica secundaria y la educación media.

El MEN (2006) en las orientaciones para la formación en lenguaje de los Estándares de Lengua Castellana determina tres campos fundamentales de esta formación: la pedagogía de la lengua castellana, la pedagogía de la literatura y la pedagogía de otros sistemas simbólicos.

Pedagogía de la lengua

La pedagogía de la lengua está planteada así:

> ... estudiar la lengua desde una *perspectiva discursiva* y llevar a cabo un acercamiento a los fenómenos gramaticales en que se hacen evidentes: a) las necesidades cognitivas del estudiante, b) el estudio de las gramáticas desde las exigencias que plantee la construcción del discurso y, c) los aportes que la gramática ofrece para la construcción de procesos de significación y comunicación (MEN, 2006, p. 25).

El enfoque discursivo surge de una evolución de los análisis lingüísticos, con la contribución de diversas ciencias humanas como la antropología, la sicología, la sociología, que estudian el lenguaje en su uso real dentro de un contexto social específico. De ahí la validez de los aportes de la etnografía de la comunicación, el análisis de la conversación, así como la pragmática, la teoría de la enunciación y la lingüística textual, que han permitido el desarrollo de este enfoque.

El enfoque discursivo también ha originado una transformación en el trabajo pedagógico; por ejemplo, para la enseñanza y aprendizaje de la lingüística se reconocen los enunciados y los textos como unidades de estudio o análisis considerados desde la pragmática, es decir, en condiciones reales de uso. Así, el concepto de aprendizaje parte de la práctica y el aula, se reconoce como un espacio de interacción social, un microcosmos comunicativo.

Respecto a las unidades de análisis, Helena Calsamiglia y Amparo Tusón (1999, p. 17) aclaran que:

> La unidad básica es el *enunciado* entendido como el producto concreto y tangible de un proceso de *enunciación* realizado por un *Enunciador* y destinado a un *Enunciatario*. Este enunciado puede tener o no la forma de una oración. Un intercambio posible en el que una persona dice a otra: « ¿Quieres comer conmigo?» y la otra responde: «Sí, pero más tarde», nos permite comprender que la expresión formada por la secuencia de cuatro elementos lingüísticos, «sí» + «pero» + «más» + «tarde», que no responde al modelo oracional, responde al modelo de enunciado como unidad mínima de comunicación. También nos permite comprender que el enunciado emitido no es posible entenderlo si no tenemos en cuenta el contexto en que se emite, que en este caso viene determinado por el enunciado anterior y por el escenario en que este intercambio tiene lugar. (...) Los enunciados se combinan entre sí para formar *textos,* orales o escritos. El texto, así, está constituido por elementos verbales combinados, que forman una unidad comunicativa, intencional y completa (...) Todo texto debe ser entendido como un *hecho (acontecimiento o evento) comunicativo* que se da en el transcurso de un devenir espacio-temporal.

Figura 3. Situación de comunicación

(El que habla piensa que estuvo consumiendo licor)

El contexto situacional da sentido al enunciado

En esta situación comunicativa, el enunciado "Tengo un guayabo enorme" adquiere sentido debido al contexto situacional (dos amigos en la puerta de la casa, uno con actitud de sentir malestar) y el contexto social, pues en algunas regiones de Colombia guayabo es una planta, en otras significa malestar posterior a una borrachera, pero también este malestar recibe otros nombres según la región o país: resaca (México), goma (Salvador), chuchaqui (Ecuador), por ejemplo.

La competencia discursiva, en consecuencia, se refiere a los conocimientos y capacidades de una persona para emplear una lengua de forma eficaz y adecuada, sin olvidar el significado (coherencia) y las formas gramaticales (cohesión) para interpretar y producir diversos tipos de textos acordes con el género y la tipología textual correspondientes y adecuados para una situación de comunicación y para una comunidad de habla determinada.

El *Marco común europeo de referencia para las lenguas* (2001) incluye a la competencia discursiva como una de las competencias pragmáticas y la describe en términos de dominio de los géneros discursivos y de las secuencias textuales; en su definición de esta competencia destaca la capacidad de dirigir y estructurar el discurso, ordenar las frases en secuencias coherentes y organizar el texto según las convenciones de una comunidad determinada para explicar historias, construir argumentaciones o disponer en párrafos los textos escritos.

Pedagogía de la literatura

El MEN, además de plantear la consolidación de una tradición lectora en los estudiantes, propende por:

> ...una pedagogía de la literatura centrada básicamente en la apreciación lúdica, crítica y creativa de la obra literaria por parte del estudiante; es decir, se espera que conozca el texto, lo lea, lo disfrute, haga inferencias, predicciones, relaciones y finalmente interpretaciones. Pero también se espera que ese contacto con la literatura le permita explorar, enriquecer y expresar la dimensión estética de su propio lenguaje (MEN, 2006, p. 26).

Figura 4. Obras literarias

Los estudiantes necesitan conocer las obras más destacadas de La literatura nacional y universal

A propósito, con la literatura en el aula ha sucedido algo semejante a lo ocurrido con la enseñanza de la lengua, pues se le ha dado énfasis a la historia de la literatura y al análisis estructural de la obra literaria, pero se ha dejado de lado su riqueza cultural y todo lo que puede aportar como expresión de un ser humano y de un grupo social en un momento histórico concreto, con una mirada discursiva. Fernando Vásquez (2012, p. 88), al referirse a las funciones del maestro de literatura afirma que:

> Además de dar a conocer el patrimonio literario de una cultura, de favorecer la elaboración y reelaboración de textos, y de mostrar obras en las que el lenguaje adquiere su máxima potencia, lo que es fundamental en un profesor de literatura es su función de mediador entre las obras literarias y los potenciales lectores de su clase.

Además, desde la experiencia literaria se puede y se debe ejercitar la intertextualidad al descubrir los diversos discursos que están inmersos en una obra y que con una lectura inferencial y crítica pueden detectarse. Así, a través de la literatura se encontrará la relación del ser humano con la ciencia, con otras formas del arte (pintura, arquitectura, música...), la historia, las ideologías políticas y religiosas, entre otras, tanto del mundo del autor como desde la historia del lector.

Para lograr el acercamiento a las obras literarias desde los planteamientos anteriores es necesario que el maestro de literatura se forme como un lector crítico y conozca las obras más representativas de la literatura universal y nacional para poder formular propuestas que motiven a los estudiantes y que logre comunicarles el gusto e interés por la obra literaria, pero también que los lleve a descubrir el valor artístico, la estructura y los recursos estilísticos que le dan ese toque especial y su ubicación en un contexto sociocultural.

Otros sistemas simbólicos

Al respecto, el MEN (2008, p. 26) destaca que para lograr una completa formación en lenguaje es necesario orientar al estudiante en el conocimiento de:

> ... otros sistemas que le permitan al individuo expresar sus ideas, deseos y sentimientos e interactuar con otros seres del entorno. (...) Estos sistemas tienen que ver con lo no verbal (gestualidad, cine, video, radio, música, pintura, escultura, arquitectura, grafiti, entre muchas otras opciones).

La valoración del uso del lenguaje en todos los espacios escolares representa no sólo el avance académico sino el desarrollo de los procesos cognitivos y sociales de los estudiantes y su formación para la vida en general, pues el lenguaje ofrece la posibilidad de construir, establecer y mantener procesos de comunicación pertinentes y significativos.

Esto es posible mediante el desarrollo de competencias básicas del lenguaje, entre ellas: leer y escuchar para percibir mensajes y acceder a los saberes de la cultura local y global; hablar y escribir para socializar ideas y promover acciones y reflexiones. A través de las diferentes acciones que los estudiantes y maestros desarrollan durante los procesos de enseñanza y aprendizaje, estas competencias o capacidades están presentes de modo constante, no sólo en el área de lengua sino en las diversas áreas del conocimiento. Por tanto, cuando se estudia la lengua, otros sistemas simbólicos y en especial la literatura, el uso de la palabra escrita y hablada permite la interacción con los textos, con el conocimiento, con el grupo y a través de ellos con el contexto sociocultural.

Tanto en los lineamientos del MEN, como en los estándares y en esta propuesta, se le da prioridad a la lectura y a la escritura, prácticas que también son centrales en las evaluaciones nacionales e internacionales.

Estrategias didácticas

El desempeño del maestro se concreta en las actividades didácticas, las prácticas que ejecuta en el aula. En estas prácticas, se evidencian sus concepciones acerca del ser humano, de la educación, de la pedagogía, del área de conocimiento, entre otras. En su práctica de enseñanza, los maestros tienen en cuenta qué enseñar, con qué fin enseñarlo, cómo enseñar, qué acciones y actividades realizar, cómo evaluar; en fin, deben tomar unas decisiones acerca de su trabajo, en las cuales las características del grupo estudiantil y su entorno sociocultural son determinantes.

En el afán de buscar los mejores resultados académicos, los maestros y las instituciones educativas les han dado gran importancia a las estrategias de enseñanza, tal vez suponiendo que el aprendizaje es inherente a ellas, pero en muchos casos éste no se logra porque precisamente la persona que está en función de aprender, el estudiante, no ha desarrollado estrategias de aprendizaje y no se le ha orientado al respecto.

A propósito, Foucambert, citado por Delia Lerner (1985, p. 11), establece diferencias entre enseñanza y aprendizaje en los siguientes términos:

> Enseñanza y aprendizaje son dos realidades bien diferenciadas: el aprendizaje es la actividad misma del individuo, la enseñanza es una intervención exterior; el aprendizaje es un proceso continuo, la enseñanza es transitoria: su tiempo de acción es corto, comienza cuando el aprendizaje se ha iniciado desde hace ya mucho tiempo y se detiene en un momento dado, en tanto que el aprendizaje continúa evolucionando mientras tiene oportunidades de ejercerse en situaciones funcionales.

De ahí, la responsabilidad de promover prácticas lectoras y escritoras con estrategias que le permitan al estudiante interactuar con el conocimiento y con su entorno social y que le faciliten comprender, interpretar y crear diferente tipo de textos y discursos. Al trabajar con los estudiantes en actividades que les permitan ser conscientes del papel fundamental que tiene el lenguaje en el proceso de aprendizaje y en la comunicación de sus ideas, sentimientos e inquietudes, se está promoviendo su uso adecuado en contextos de vida significativos.

Al referirse a las estrategias didácticas, Isabel Solé (1996, p. 8) retoma ideas de algunos autores y las define como: "secuencias de procedimientos o actividades que se realizan con el fin de facilitar la adquisición, el almacenamiento y la utilización de información". Es decir, se trata de actividades intencionales que se llevan a cabo sobre determinadas informaciones, ya sean orales, escritas o de otro tipo, con el fin de adquirirlas, interpretarlas, retenerlas y poder utilizarlas cuando las necesite.

Aquí se va a hacer especial énfasis en las estrategias de lectura y producción textual, pues a partir de la lectura y producción de textos se pueden trabajar los demás ejes. Por ejemplo, al leer una información o un cuento se puede estudiar cómo el autor empleó las oraciones, las palabras, los párrafos y organizó el texto para logar una mejor obra, y así promover que al escribir también se tengan en cuenta estos aspectos.

Estrategias de lectura

Para promover las prácticas lectoras con los estudiantes es posible trabajar diversas estrategias a través del proceso lector. Al respecto, Ana Atorresi establece unas categorías dentro del proceso lector: procesos generales, procesos relativos a textos específicos (acordes con el tipo de texto que se lee y su género discursivo) y procesos metacognitivos relacionados más directamente con el uso del lenguaje en determinados tipos textuales. Es de destacar su aporte respecto a los procesos generales, propios de todo acto de lectura, como el reconocimiento de la información literal y la inferencia de información no expresada, además otras acciones como:

> relacionar datos más o menos separados entre sí; discriminar datos del texto que tienen igual jerarquía o que se encuentran próximos; reconocer un fragmento que funciona como síntesis de varias informaciones puntuales; generalizar datos clave en un nuevo texto sintético, como el cuadro sinóptico; reconocer usos figurados del lenguaje, como las metáforas; analizar unidades de significado mínimas, como los afijos ("pre", "sub", etc.); anticipar el contenido del título y verificar lo anticipado (2009, p. 23).

Asimismo, Atorresi (2009, p. 29) cita a algunos autores que "proponen interesantes estrategias para que los estudiantes lleguen a verificar y ajustar su propia comprensión". La propuesta se basa en las fases o etapas del proceso lector y una categorización de cada fase; así, el propio lector pone en juego sus estrategias de aprendizaje y hace conciencia de proceso desarrollado. Además, de esta forma se rompe con la costumbre de interrogar al lector solo cuando se finaliza la lectura. A continuación se consigna esta propuesta, que hace valiosos aportes:

Tabla 3. Fases del proceso lector

Fases y Categorías	Preguntas
Planificación **Antes de comenzar a leer** Conocimientos previos Objetivos de la lectura Plan de acción	¿Qué sé sobre el tema de la lectura? ¿Qué me propongo al leer este material? ¿Cómo realizaré esta lectura?
Supervisión **Aproximación a la meta** Detección de aspectos importantes Detección de dificultades Conocimiento de las dificultades Flexibilidad de las estrategias	¿Qué hice para determinar si estaba logrando mi objetivo? ¿Cuáles eran los aspectos más importantes del texto? ¿Cuáles fueron las partes del texto más difíciles de comprender?¿Por qué se me dificultó la comprensión de ciertas partes? Cuando me di cuenta de que no estaba comprendiendo, ¿qué hice? ¿Por qué se me dificultó la comprensión de ciertas partes? Cuando me di cuenta de que no estaba comprendiendo, ¿qué hice?
Evaluación Evaluación de los resultados Evaluación de las estrategias	Cuando terminé de leer, ¿cómo supe que había comprendido? ¿Qué pasos me facilitaron la comprensión?

A cada una de estas fases corresponde una forma específica de actividades o estrategias didácticas

A continuación, se plantean algunas otras estrategias de lectura teniendo en cuenta, también, las etapas básicas del proceso lector: antes, durante y después, aunque algunas actividades son válidas en cualquiera de los momentos.

Antes de la lectura

Es motivante hacer anticipaciones que faciliten la aproximación al texto que se va a leer y aporten significación:

- Identificar el propósito con el cual se lee el texto.
- Darle una mirada global al texto a partir del título, subtítulo, tipos de letra e ilustraciones y llevar a cabo una lluvia de ideas sobre lo que este les sugiere. También se puede revisar el formato de presentación (periódico, internet, revista…).
- Crear campos de ideas: presentar palabras del texto para que sean clasificadas en grupos de acuerdo con un criterio establecido. Por ejemplo, palabras relacionadas con animales, con partes de una casa, según la temática del texto.

Por su parte, el Grupo de Lenguaje Bacatá (2008, p. 70) propone:

- Predecir el contenido del texto a partir del título, las ilustraciones, algunas palabras clave, los subtítulos, de la o el protagonista, del lugar donde se desarrolla…
- Recordar las características del tipo de texto para suponer qué podrían encontrar en él.
- Hacerle preguntas al texto y después de leerlo comprobar cuáles fueron resueltas y cuáles no.
- Proponer una lluvia de las posibles ideas que desarrollará el texto a partir del tema y luego comprobarlas.
- Proponer un título a partir de algún aspecto sugerido por el maestro.

Durante la lectura propiamente dicha

Orientar a los lectores para que, a partir de lo leído, hagan predicciones a medida que se avanza en su lectura; al igual que la anticipación, se puede basar en aspectos de contenido o de forma:

— Guiar a los estudiantes en la identificación de la estructura o patrón del texto.
— Hacerle preguntas al texto.
— Conversar acerca de los planteamientos del texto.
— Hacer inferencias o deducción de informaciones que no se plantean directamente en el texto.
— Reconocer los aportes de las ilustraciones o gráficos.

Otra estrategia que ofrece valioso aporte para la comprensión es realizar regresiones. Cuando un lector vuelve sobre lo ya leído, indica que necesita aclarar una idea o revisar una predicción; es decir, no debe verse como un error sino como una muestra de su ejercicio para comprender mejor.

Después de la lectura

— Hablar acerca de los tópicos del texto.
— Orientar al estudiante en la selección de un organizador gráfico para representar las ideas básicas del texto.
— Animar a los estudiantes para que creen sus propios organizadores gráficos.
— Motivar la inferencia y la opinión acerca de las ideas del texto.
— Integrar información conocida con nueva información.

El Grupo Bacatá (2008, p. 72), también propone:

— Reproducir lo leído, creando otro tipo de texto. Por ejemplo, presentar el contenido de un informe a través de una noticia, un afiche o cualquier otro recurso.
— Elaborar fichas que contengan las partes básicas del texto para luego darles un orden lógico.
— Pedirle a pequeños grupos preguntas sobre el texto para que otro grupo las responda.
— Hacer una dramatización basada en el texto.
— Ubicar personajes y hechos en otro contexto histórico social.
— Nombrar y comentar otros tipos de textos que se relacionen con el texto leído.

Estrategias de escritura

Al igual que en la lectura, hay que tener en cuenta las etapas del proceso escritor, después de determinar qué tipo de texto se va a escribir:

Pensar, organizar y planear el texto

— Interrogarse acerca del texto**:** ¿Cuál es el propósito?, ¿qué conozco sobre el tema o el tópico?, ¿qué necesito saber?, ¿a quién va dirigido el texto y qué necesita saber el lector acerca del tema o el tópico?, ¿para qué debo escribir?, ¿qué información buscar y dónde?
— Leer como escritor modelos del tipo de texto que se va a escribir.
— Promover una lluvia de ideas y representarla en un organizador gráfico.
— Discutir las ideas con otros.
— Construir bases de datos.
— Elaborar tablas de contenidos.
— Diseñar esquemas de contenido.
— Registrar las ideas en tarjetas; luego jerarquizarlas según su importancia, ojalá en grupo.

Escribir o textualizar

— Seguir la tabla de contenido o el esquema previo, sin dejar de lado alguna leve modificación que pueda presentarse en el desarrollo.
— Tener en cuenta las notas y apuntes recopilados.
— Desarrollar los párrafos teniendo en cuenta el sentido global.
— Escribir de manera fluida sin detenerse mucho en aspectos forma.

Revisión del texto

— Leer en voz alta el escrito, ojalá ante otros y atender comentarios.
— Completar las ideas inconclusas.
— Reorganizar las ideas y las palabras.
— Revisar la puntuación y la ortografía.

Sin embargo, las actividades o estrategias planteadas sólo serán realmente significativas cuando se trabajen dentro de una secuencia didáctica, un proyecto de aula o en otra modalidad didáctica que garantice una continuidad en el trabajo para, así, romper con la tradición de las clases con temas y actividades aisladas.

Modalidades de integración curricular y configuraciones didácticas

Una institución escolar tiene diversas opciones o modalidades de integración curricular en torno a temas o contenidos, a problemas, a proyectos, entre otros. Asimismo, el trabajo de aula se concreta en configuraciones didácticas como las secuencias didácticas, los proyectos de aula, el estudio de casos. Con el nombre de configuración didáctica se identifica al plan de acciones de apoyo que el maestro planea y desarrolla con el fin de orientar a los estudiantes hacia un propósito determinado. La mejor opción es preferir configuraciones didácticas que les permitan a los estudiantes observar, analizar, opinar, formular hipótesis, buscar soluciones y descubrir el conocimiento por sí mismos. De esta forma, se le dará coherencia y continuidad a las acciones desarrolladas en el aula, evitando la ruptura entre una clase y otra y la dispersión entre los temas de estudio. Al ofrecer a los estudiantes la posibilidad de pensar sobre hechos y textos concretos, de una manera ordenada, se consiguen mejores resultados que con una exposición impartida por el profesor, con la intención de aleccionarlos.

> Las modalidades de integración curricular y las configuraciones didácticas están ligadas a las concepciones, creencias e intereses de los maestros y a un concepto de ser humano y visión de mundo que se ha configurado desde su historia personal y profesional y desde su interacción social. Por tanto, si el maestro tiene clara una intención de enseñar y generar procesos de construcción de conocimiento en sus estudiantes, tendrá en cuenta: los objetivos, las actividades con las cuales desarrollará dichos objetivos y los diversos temas del Plan de estudios o áreas curriculares (Grupo de Lenguaje Bacatá, 2015, p. 21).

De igual manera, los estudiantes, como sujetos protagonistas de su aprendizaje, deben participar para conocer y proponer el qué, el para qué, el por qué y cómo se adelantarán las diferentes actividades, que una vez concertadas, permitan desarrollar los múltiples temas del plan de estudios del área y de la institución.

Para las prácticas compartidas de enseñanza y aprendizaje que suceden en las aulas, se proponen modalidades y configuraciones didácticas caracterizadas por trabajar pedagogías y didácticas interactivas basadas en la planeación compartida, con actividades secuenciales, coherentes y progresivas; que tengan en cuenta los conocimientos previos, intereses y necesidades de los estudiantes y su entorno; con unos objetivos determinados, que privilegien la acción y la interacción y que promuevan el aprendizaje autónomo, globalizado e interdisciplinar. Es decir, que exista una planeación flexible pero con una organización sistemática. Dentro de las modalidades de integración curricular con estas características se pueden destacar: pedagogía por proyectos, integración por problemas, seminario investigativo, modelo operativo, estudio de casos, secuencias didácticas.

Acorde con los *Lineamientos curriculares de Lengua Castellana*, se plantea la modalidad de pedagogía por proyectos (PP), según el enfoque de Jossete Jolibert (2004), una de sus principales exponentes:

> Esta es una propuesta pedagógica que se caracteriza por plantear el *propósito* de construir o lograr un *conocimiento y realizar* mediante unas acciones con una *proyección* en el tiempo, como está implícito en la misma palabra proyecto. Privilegia la *acción* y la *interacción* como estrategias de aprendizaje, con una visión constructivista del conocimiento, integrando la teoría y la práctica en el marco de un aprendizaje significativo (Villabona y Polanía, 2004, p. 06).

No es un simple método, porque sería una serie de instrucciones, algo técnico que simplemente se aplica para conseguir unos objetivos previstos. Como todo proceso, consta de unas etapas: planeación, ejecución y evaluación.

En la planeación hay un trabajo conjunto orientado por el maestro con participación activa de los estudiantes, esbozado a partir de situaciones cotidianas que despierten su curiosidad y algunos interrogantes. Puede suceder que los estudiantes planteen gran diversidad de proyectos, entonces el maestro orientará la selección de los mismos según las necesidades del grupo y del PEI.

De este modo, será posible integrar a las preocupaciones más concretas de los alumnos la reflexión de asuntos menos visibles para éstos, tales como los modos de comunicar, la conciencia de formas de organización de un texto, las relaciones causales entre fenómenos, etcétera (MEN, 1998, p. 40).

Las secuencias didácticas (SD) son pequeños ciclos de enseñanza y aprendizaje orientados a lograr productos concretos, propios del área de conocimiento; por ejemplo: un informe, un artículo de opinión, un reglamento, una reseña. La SD está integrada por:

> ...un conjunto de actividades ordenadas, estructuradas y articuladas en torno a un tópico central para la consecución de unos propósitos que deben ser conocidos por todos los participantes. Tiene en cuenta, además, el nivel, las diferencias y ritmos de los estudiantes y genera, sobre ellos, actividades significativas" (Camargo, Z. y Uribe, G., 2011, p. 21).

La planeación de una SD se realiza de manera conjunta con el grupo de estudiantes, orientada por el docente, para darle continuidad a las acciones que se desarrollan en un tiempo determinado, lo que posibilita la interacción y el trabajo en grupo. Vale aclarar que dentro de un gran proyecto es posible desarrollar unas secuencias didácticas específicas.

Así mismo, el concepto y el procedimiento de evaluación también se transforman, pues se busca evaluar todo el proceso desde la planeación y el desarrollo hasta el resultado final. Cada una de las actividades o tareas ejecutadas en el curso de la acción sirven de indicadores del nivel alcanzado respecto al logro o fin propuesto. Aunque el resultado final es un elemento altamente representativo de los logros. En concordancia con la planeación y el desarrollo de acciones, la evaluación también es compartida: individualmente y en grupo los estudiantes analizan avances, aciertos, errores y propuestas de solución. De este modo, el error no será visto como algo negativo que se debe desterrar, sino como un momento del proceso del cual se puede aprender; así, tanto estudiantes, como docentes, familia e institución se hacen conscientes de los aprendizajes logrados y de las dificultades por superar.

Evaluación en lenguaje

El concepto de evaluación está ligado al concepto de educación, pedagogía y didáctica que tenga una persona o una institución y a los objetivos que se propongan, pues forma parte de los procesos de enseñanza y aprendizaje.

Sentido de la evaluación

Si se piensa que aprender es repetir unos conocimientos, así se enfocará la evaluación; pero si se entiende que el aprendizaje se refleja en el desempeño respaldado por unos conceptos disciplinares propios del área de conocimiento, así será la evaluación también. Para el caso, igual que para la educación, también son válidas unas preguntas que develan un enfoque: ¿Qué se evalúa?, ¿quién evalúa?, ¿por qué?, ¿para qué?, ¿cuándo?, ¿cómo?

Acorde con los enfoques planteados hasta ahora, pensemos el por qué y el para qué de la evaluación reconociendo que cumple una función pedagógica que se desarrolla en una situación didáctica concreta; igualmente, que es un medio y no un fin. Vista así, la evaluación permite registrar y reflexionar los procesos de enseñanza y aprendizaje de manera conjunta, con el propósito de revalidarlos o de corregirlos y mejorarlos. En consecuencia, al evaluar a los estudiantes debe tenerse en cuenta no sólo lo que saben y pueden hacer sino también las dificultades que presentan para buscar la forma de facilitarles tales aprendizajes. En muchas ocasiones, la evaluación se asume sólo como el reconocimiento de un error que debe sancionarse y no como un indicativo de una dificultad que debe superarse mediante un trabajo pedagógico compartido entre estudiante y maestro y ojalá con el apoyo familiar.

¿Cómo evaluar? al reflexionar sobre los aprendizajes de un grupo o de un estudiante en particular es indispensable tener en cuenta las variables que influyen en el aspecto general y en el individual. Por ejemplo, considerar las capacidades propias de cada estudiante, el campo en el que se desempeña con más facilidad y el que le causa dificultad, el tipo de inteligencia que posee y si tiene alguna situación especial de carácter personal, familiar o social. Lo anterior no significa que cualquier desempeño es válido, sino que a partir de estas consideraciones se puede fortalecer el avance del estudiante.

Así mismo, cada institución escolar, con base en los lineamientos curriculares y los estándares básicos de competencias de las diferentes áreas curriculares establecerá criterios, indicadores de logro y estrategias para reorientar las dificultades de los estudiantes; de igual modo, se tendrá en cuenta el énfasis del PEI, en el cual se reflejará la pertinencia con el contexto sociocultural. De ahí que desde una mirada global, la evaluación educativa observa y valora tres ámbitos fundamentales:

los aprendizajes de los estudiantes, las prácticas de enseñanza de los maestros, y la gestión institucional.

Características de la evaluación

Para que la evaluación realmente alcance sus objetivos es preciso que cumpla ciertas características básicas que, además, contribuyen a responder el cuándo y cómo evaluar y quién evalúa. Por tanto, se caracterizará por ser:

— **Continua y procesual:** si se considera que la educación y en particular la enseñanza y el aprendizaje son procesos continuos, entonces la evaluación será continua y no sólo un momento final. En una evaluación continua se inicia por descubrir los conocimientos y desempeños que ya ha logrado el estudiante para, así, partir desde allí y luego poder reconocer sus avances o dificultades posteriores; es lo que comúnmente se conoce como evaluación diagnóstica. Así mismo, durante el desarrollo de una secuencia didáctica o un proyecto de aula se van evaluando los resultados logrados en cada tarea o acción, hasta llegar a la evaluación final, que es la acumulación del proceso completo y se evidencia en los resultados. No se puede confundir evaluación con calificación, pues la evaluación es continua y generalmente se ve reflejada en la calificación que se da al final de un proceso.

— **Investigativa:** "nos estamos refiriendo a la existencia de un proceso, sistemático y continuo, en el cual se recoge información que es utilizada para orientar, validar o invalidar estrategias, prácticas, instrumentos, tipos de interacción" (MEN, 1998, p. 104). Con esta mirada investigativa, se aprovecha la información recopilada en el proceso evaluativo para analizarla y planear las reorientaciones necesarias, proponer alternativas, adaptarse a las necesidades del grupo, entre otras. Se reitera que, vista de este modo, la evaluación se convierte en una base para mejorar las prácticas educativas.

— **Participativa y negociada:** para conseguir una evaluación válida lo mejor es que los estudiantes y las familias conozcan los objetivos generales y específicos de los aprendizajes tanto para el año como durante un período determinado. Estos objetivos están establecidos, en parte, en los estándares prescritos por el MEN, pero corresponde a la institución escolar, al maestro y al grupo determinar cuáles serán los objetivos y cómo se conseguirán de acuerdo con las necesidades y circunstancias particulares y socioculturales. Si se tiene en cuenta a los participantes en el proceso evaluativo, se puede hablar de varias modalidades de evaluación en el aula: autoevaluación, coevaluación y heteroevaluación.

Modalidades de la evaluación en el aula

En una evaluación participativa se reconocen las opiniones de los diferentes sujetos que intervienen en los procesos de enseñanza y aprendizaje, bajo la dirección del maestro y con base en unos criterios e indicadores establecidos de manera previa. De ahí que se hable de combinar estas tres:

- **Autoevaluación**: se lleva a cabo por parte del propio estudiante, quien identifica sus avances y dificultades; por tanto, es una evaluación interior. Esto le permite tomar conciencia de su estado de desarrollo y proponer estrategias y acciones para mejorar.
- **Coevaluación**: los estudiantes se avalúan mutuamente. Le permite a cada estudiante conocer las diversas opiniones de los demás; también cada estudiante puede tomar conciencia de los saberes y desempeños que debieron lograrse, tanto para evaluarse a sí mismo como a los otros; así que fomenta el compromiso individual y grupal para avanzar. Así mismo, cada estudiante aprende a aceptar y respetar las observaciones de sus compañeros.
- **Heteroevaluación:** es aquella en la que una persona es evaluada por otra de forma individual. Generalmente, el evaluador tiene cierta jerarquía sobre el evaluado; por ejemplo, el profesor o un tutor respecto a un estudiante. Es una evaluación exterior a la persona evaluada, que le puede aportar información valiosa para orientar su trabajo.

Tipos de evaluación según los agentes evaluadores

Los agentes evaluadores son las personas o entidades encargadas de realizar una evaluación y emitir un juicio al respecto. En la evaluación participativa el maestro y los estudiantes se convierten en agentes evaluadores. De acuerdo con los agentes evaluadores, las evaluaciones se clasifican en internas y externas.

- **Evaluaciones internas:** son las propias del aula y la institución escolar, por tanto son practicadas por los miembros de ella. Además de analizar la gestión institucional y los procesos de enseñanza y aprendizaje, se emplean para promover a los estudiantes dentro de los niveles educativos escolares.

— **Evaluaciones externas:** son practicadas por agentes externos a la institución escolar en los ámbitos nacional e internacional. En general son personas o entidades expertas en educación, como asesores, investigadores, miembros de la administración, organizaciones internacionales.

A propósito de las pruebas nacionales, el MEN (2012, p. 1) plantea que:

> Las evaluaciones externas son indicadores de calidad fundamentales, que deben ser tenidas muy en cuenta por la comunidad educativa, ya que sirven de contraste entre el desarrollo educativo que están teniendo los educandos de cada institución con otros estudiantes del contexto nacional e internacional. A su vez, sirven como insumos para la elaboración de Planes de Mejoramiento.

Pruebas Saber

Figura 5. Pruebas Saber

Las Pruebas Saber cuentan con formatos y estilos propios y es necesario dar a conocer y ejercitar a los estudiantes en su aplicación

En Colombia, el Instituto Colombiano para la Evaluación de la Educación (Icfes) es el encargado de la evaluación de la educación mediante las Pruebas Saber; evaluaciones censales que se pueden convertir en elementos de análisis para los establecimientos educativos estatales y privados y en material de trabajo pedagógico en el aula. Estas pruebas se aplican de forma periódica a diferentes grupos de estudiantes de educación básica, media y universitaria.

Con este fin, se efectúa la evaluación de la calidad de la educación básica. Las Pruebas Saber se aplican periódicamente a estudiantes de los grados 3°, 5° y 9; las Saber 11° al finalizar la educación media y las Saber Pro para la educación superior.

Figura 6. Tipos de pruebas Saber

Saber	Saber	Saber
3°, 5°, 9°	11°	PRO

Las Pruebas Saber se aplican en tres momentos de la vida escolar

Además, el Icfes practica otras pruebas como los exámenes de validación y presaber 11, que buscan familiarizar a los estudiantes con las condiciones de aplicación del examen de Estado de la educación media.

— **Prueba Saber 3°, 5° y 9°:** se aplican de manera periódica a los estudiantes de estos grados. Tales pruebas tienen como propósito establecer aproximaciones a los aprendizajes fundamentales que los estudiantes han alcanzado, con base en los lineamientos curriculares y los estándares básicos de competencias. Estas pruebas evalúan las áreas de lenguaje y matemáticas en los tres grados. Para los grados quinto y noveno, evalúan, además, ciencias naturales y competencias ciudadanas.

— **Prueba Saber 11:** se aplica a los estudiantes del grado undécimo y corresponden a la finalización de la educación media a bachilleres de calendario A y a los de calendario B. Esta prueba sirve como criterio para ingresar en la educación superior, informa a los estudiantes sobre el nivel de sus competencias y aporta elementos para la orientación de su opción profesional; además, apoya los procesos de mejoramiento institucional de la calidad. Los estudiantes del grado undécimo presentan pruebas de lectura crítica, inglés, matemática, ciencias naturales, ciencias sociales y ciudadanas.

— **Pruebas Saber Pro:** se aplican a los estudiantes universitarios de último semestre de los diferentes programas académicos para determinar la calidad educativa y establecer comparaciones en los resultados obtenidos por las diferentes universidades.

Pruebas internacionales

En el campo internacional, y con el fin de establecer el nivel educativo de nuestros estudiantes en comparación con los de otros países, Colombia participa, desde 1995, en algunas pruebas internacionales, cuyas aplicaciones también son coordinadas por el Icfes. Entre ellas están las pruebas Timms, Serce y Pisa.

El Timms, por sus siglas en inglés (Estudio Internacional de Tendencias en Matemáticas y Ciencias), evalúa a estudiantes de cuarto y octavo grados en matemáticas y ciencias naturales.

El Serce (Segundo Estudio Regional Comparativo Explicativo de la Calidad de la Educación) es un proyecto del Llece (Laboratorio Latinoamericano de Evaluación de la Calidad de la Educación), que depende de Orealc/Unesco; sus pruebas están destinadas a los niños de los grados tercero y sexto de educación básica, en las áreas de lectura, escritura, matemática y ciencias naturales (esta área solo en sexto grado).

Por otra parte, las pruebas Pisa (Programme for Internacional Studen Assessment) practican una prueba coordinada por la Organización para la Cooperación y el Desarrollo Económico (Ocde), que permite hacer un estudio comparativo cada tres años, en lectura, matemáticas y ciencias, entre los países participantes, con énfasis en una de éstas cada vez. Su propósito es:

> ...determinar en qué medida los estudiantes de 15 años, independientemente del grado en que se encuentren, han adquirido los conocimientos y competencias esenciales para afrontar los retos de la vida adulta (Icfes-Ocde, 2008, p. 9).

En Colombia hay una gran preocupación por causa de los bajos resultados que los estudiantes han obtenido en las pruebas internacionales durante los últimos años. En estos resultados se conjugan diversos factores de carácter sociocultural y pedagógico que valdría la pena discutir en cada institución y región; por ejemplo, el conflicto social y las desigualdades afectan en especial a la población de sectores sociales más desfavorecidos y todo esto permea a la escuela. Sin embargo, en este caso, el aporte se dirige hacia lo pedagógico-didáctico, en relación con el estudio de la lengua, pues se tiene conciencia del valioso papel del colegio y del maestro. Se busca que los docentes conozcan y manejen conceptos pedagógicos y estrategias que les permitan transformar la enseñanza para que, a su vez, los estudiantes logren los aprendizajes propuestos.

Enfoques evaluativos

El enfoque de evaluación corresponde con el que se tenga acerca de la educación en general y de los procesos de enseñanza y aprendizaje; es decir, con el enfoque pedagógico. Desde una mirada amplia, se podrían reconocer unos enfoques básicos:

— **Evaluación desde los contenidos**: concuerda con un enfoque tradicional de la enseñanza. Se evalúa, casi siempre, al finalizar el estudio de un tema y se basa en la memorización de teorías y datos que por lo regular se han expuesto en clases magistrales, sin desconocer que en muchos casos se consigue la comprensión de ellos; predomina lo cuantitativo sobre lo cualitativo y el maestro decide la forma de evaluar, como también las preguntas y la manera de hacerlo; así, la calificación final es el promedio de las calificaciones parciales y para remediar los malos resultados se practica un nuevo examen teórico.

— **Evaluación por objetivos**: la idea de transformar la evaluación empieza a desarrollarse desde mediados del siglo XX, con la propuesta de trabajar y evaluar por objetivos, entre otros. A grandes rasgos, la propuesta que buscaba establecer y unificar criterios evaluativos surge de un grupo de sicólogos estadounidenses liderados por Benjamín Bloom (doctor en educación) y parte desde los objetivos, dentro de unas dimensiones que buscan abarcar la globalidad humana: la afectiva, la psicomotora y la cognitiva. Desde allí, se plantea una taxonomía que establece tres niveles de aprendizaje: conocer, saber y saber hacer, que a su vez corresponden a la evaluación de saberes conceptuales y procedimentales. Su principal aporte está en que al referirse a los conocimientos incluye también su comprensión, aplicación, análisis, síntesis y evaluación, como procesos cognitivos que intervienen en el aprendizaje.

— **Evaluación como proceso**: la evaluación continua se entiende como un proceso entretejido por completo con los procesos de enseñanza y aprendizaje. Consiste en un recorrido que incluye la recopilación y sistematización de información durante las etapas del proceso y el análisis continuo y final de los avances, las dificultades y los resultados o productos, con base en los criterios acordados previamente y con el aporte de los participantes en tales procesos. Es una evaluación holística o global, pues abarca los contenidos, los desempeños, los ritmos, los comportamientos, las capacidades y el entorno sociocultural del estudiante. Este enfoque es válido en especial para la evaluación individual y grupal de los aprendizajes de aula o para las evaluaciones institucionales.

El MEN (1998, p. 109), en sus lineamientos, recomienda:

> Al evaluar procesos es necesario respetar los ritmos particulares. El cambio en los procesos sólo tiene sentido si se piensa en relación con los diferentes momentos por los que atraviesa el estudiante, cada estudiante. Los ritmos de aprendizaje, así como los intereses, son individuales.

— **Evaluación por competencias**: como ya se había definido: "Las competencias son las capacidades con que se cuenta para... (...) sólo se visualizan a través de desempeños, de acciones, sea en el campo social, cognitivo, cultural, estético o físico" (MEN, 1998, p. 50).

La evaluación por competencias es aplicada por el MEN y el Icfes, con base en recomendaciones internacionales, para orientar las evaluaciones internas y externas.

Medios para la evaluación

Durante el proceso evaluativo es preciso emplear diferentes medios para recopilar la información acerca del estado del aprendizaje en determinados momentos, y con base en este registro continuo llevar a cabo la evaluación final. En el caso de las evaluaciones internas, el evaluador y el avaluado interactúan, en general, cara a cara, situación que permite incluir diversos elementos: emocionales, actitudinales, sociales, etc.; pero en las evaluaciones externas no existe esta relación directa. Para las evaluaciones de aula es conveniente emplear diversos medios o instrumentos evaluativos que permitan hacer un registro adecuado y significativo de los procesos de aprendizaje y enseñanza. Entre ellos:

— **La carpeta o portafolio de evidencias**: en ella es posible recoger y registrar los diferentes trabajos desarrollados por cada estudiante o grupo durante una etapa determinada, como informes, pruebas, resúmenes, autoevaluaciones. Este recurso es muy valioso pues posibilita una evaluación documentada y verificable por parte del profesor y le permite al estudiante ser consciente de su propio aprendizaje y regularlo; por ejemplo, es muy satisfactorio ver cómo escribía un chico al iniciar un curso o la producción de un tipo de texto y poder compararlo con el resultado final. Además, se convierte en un elemento de interacción entre estudiante y maestro, que facilita el conocimiento mutuo.

— **Bitácora**: consiste en el registro de comportamientos, aptitudes o capacidades, desempeños y actitudes del estudiante durante el trabajo en general o en un proceso determinado. En lo relativo al lenguaje, por ejemplo, en cuanto a la expresión oral, se puede registrar la capacidad de participación y respeto de los turnos, la escucha activa, la exposición de ideas claras, los aportes pertinentes y argumentados, el manejo del vocabulario apropiado y la construcción de enunciados coherentes y adecuados a los participantes, manejo de la actitud corporal, etcétera.
— **Rejillas de evaluación**: son guías de evaluación que permiten establecer unos criterios y niveles de logro para identificar las condiciones de calidad de un determinado aprendizaje, desempeño o trabajo. Además, facilitan el reconocimiento de fortalezas y debilidades para reorientar la enseñanza y el aprendizaje. Incrementan el sentido de responsabilidad de los estudiantes. Se deben crear antes de iniciar la actividad que se va a evaluar y hacerlo ojalá de manera colectiva, así todos acuerdan y conocen los criterios; esto no solo facilita la coevaluación sino que fomenta la responsabilidad de los estudiantes.

Al elaborar la rejilla es preciso que en cada campo se describa con claridad el aprendizaje que se espera. Por tanto, es necesario establecer los criterios con anticipación; los aspectos por evaluar, ojalá bien desglosados; los niveles de aprendizaje y el resultado esperado. La rejilla es un valioso medio para analizar la comprensión lectora o la producción textual:

— Textos escritos, como reseñas, ensayos, informe de visitas y muchos otros.
— Textos orales, como exposiciones o presentaciones, dramatizaciones, entrevistas, entre otros.

A continuación, se ofrece un ejemplo de rejilla simple, propuesta para evaluar una exposición oral, con base en los estándares de los grados octavo y noveno:

Tabla 4. *Rejilla para evaluar una exposición oral*

Aspecto	Valor	Observaciones
Preparación Elaboro un plan para organizar previamente las ideas. Busco información en más de una fuente. Selecciono y organizo la información de acuerdo con el objetivo y el plan establecido.		

Aspecto	Valor	Observaciones
Desempeño Expreso claramente la temática y los tópicos por tratar. Uso descripciones y explicaciones para aclarar ideas o algunos aspectos. Sigo un orden lógico y coherente al exponer ideas, con oraciones correctas. Empleo un vocabulario acorde con el tema y con los oyentes. Manejo una pronunciación adecuada y el tono de voz de acuerdo con el tema y el lugar. Mantengo una actitud corporal apropiada. Atiendo las preguntas y aportes de los participantes.		
Apoyos Empleo ayudas apropiadas para el tema y los interlocutores como carteleras,diapositivas, proyecciones, mapas…		

La rejilla permite acordar y establecer criterios claros de evaluación

Tabla 5. *Rejilla para evaluar un texto informativo: el afiche*

SUPERESTRUCTURA: Información/justificación			
Unidad / **Punto de vista**	Global	Secuencial	Local
Pragmático	¿El propósito de informar se expresa en el texto? ¿La intención de invitar está explícita en el texto?	¿Priman los actos de habla directivos? ¿Las relaciones entre los diferentes actos de habla concuerdan con los propósitos y las intenciones?	¿En cada acto de habla se expresan las intenciones de informar e invitar?
Semántico	Se explicita claramente la información relacionada con: ¿Qué se informa? ¿A qué se invita?, ¿Quiénes?, ¿A quiénes?, ¿Dónde?, ¿Cuándo?, ¿Para qué?	¿Se manifiestan con claridad las relaciones temporo-espaciales? ¿Se expresan adecuadamente las relaciones lógicas acordadas?	¿Se identifican los referentes con facilidad? ¿La expresión de la relación entre objetos y eventos contiene los elementos pertinentes?

SUPERESTRUCTURA: Información/justificación			
Unidad / Punto de vista	Global	Secuencial	Local
Morfosintáctico	¿El orden sintáctico expresa de manera pertinente la intención?	¿Los pronombres y artículos mantienen la referencia? Los marcadores de persona, tiempo y espacio, ¿se expresan con precisión?	¿La estructura oracional es completa? ¿El orden gramatical expresa el significado adecuadamente? ¿El modo imperativo está bien construido? ¿La ortografía es satisfactoria?

Modelo de rejilla para evaluar textos, aplicado al análisis de afiches. Tomado de Lineamientos curriculares MEN (1998, p. 123)

Otros trabajos también son válidos como medios o formas evaluativas:

— Trabajo de consulta.
— Organizadores gráficos.
— Reseñas.
— Informes de visita o de actividades investigativas.
— Caracterizaciones o dramatizaciones.
— Pruebas escritas.

En las evaluaciones censales no hay relación directa entre el evaluador y el evaluado, y se emplean básicamente pruebas de ítems: Verdadero o Falso (F o V), emparejamiento, selección múltiple y en general respuestas limitadas. Ejemplos:

Lee el siguiente enunciado y marca V si es verdadero y F si es falso:
Las palabras agudas terminadas en vocal llevan tilde:

☐ ☐

Para establecer la relación entre las palabras de la columna izquierda y la columna derecha, escribe en el paréntesis la letra que corresponda:

a. Luciana	( ) Sustantivo común
b. Envió	( ) Verbo
c. Una	( ) Sustantivo propio
d. Carta	( ) Adjetivo
e. Bonita	( ) Artículo

Elige la respuesta correcta:
En la expresión: "Dieron una cuota de apoyo", la palabra más adecuada para reemplazar la palabra resaltada es:

a. Otorgaron
b. Entregaron
c. Donaron
d. Cedieron
e. Concedieron

La respuesta adecuada es b, pues corresponde con el sentido de la oración.

Evaluación por competencias

Acorde con el enfoque establecido por el MEN en los lineamientos y estándares, la enseñanza, el aprendizaje y la evaluación se enfocan hacia las competencias, orientación que aplica el Icfes como realizador de las pruebas externas y censales.

En todos los niveles educativos, se ha tomado el desarrollo de competencias como un factor determinante en el reconocimiento de la calidad de los aprendizajes en el país, al igual que en otros países vecinos y europeos. Así, los estudiantes que logran un desarrollo adecuado en competencias de lectura y escritura, matemáticas y ciencias desde la primera infancia y a través de su educación básica, media y superior alcanzan una mayor capacidad de desempeño personal, social y laboral en los diferentes escenarios de la vida.

Evaluar por competencias supone observar el desempeño de los estudiantes en situaciones reales o cercanas a la realidad, en contextos y condiciones significativas e interesantes para ellos; que, además, permitan la práctica de diferentes desempeños para conseguir una evaluación más integral y confiable. Por esto, es conveniente propiciar diferentes momentos y formas de evaluar en los que se integre el saber con el saber hacer, así se podrán identificar los niveles de desempeño. De este modo, los estudiantes se preparan para ejercer diferentes tareas de su vida personal, laboral o profesional.

El Icfes modificó en el año 2000 la orientación del Examen de Estado que deben presentar los estudiantes al finalizar la educación media y que les permite ingresar en la educación superior, la Prueba Saber 11 y también de las Pruebas Saber para los estudiantes que terminan tercero, quinto y noveno. Así mismo, en septiembre de 2013:

> ... se definió que la aplicación censal de las pruebas Saber para los alumnos de tercero, quinto y noveno grados se realice anualmente, al igual que el operativo muestral que se efectúa desde 2011 con la misma periodicidad (Icfes, 2013, p. 05).

En cuanto al enfoque general, hay una variación, pues de la modalidad de evaluar con base en un examen enciclopédico y memorístico se pasa a una evaluación por competencias. No significa que la memorización se deje de lado, sino que los aprendizajes logrados por la comprensión y el análisis se guardan en la memoria a largo plazo. De igual manera, se mantienen los objetivos y se toman como una meta dentro del proceso de aprendizaje de competencias. Aunque en la actualidad y en lo educativo este enfoque no sólo se refiere al "saber hacer" sino que debe tener en cuenta los procesos mentales que subyacen a una acción consciente durante "el hacer". Por tanto, en lo concerniente a las pruebas de lenguaje, se apunta a la competencia comunicativa y se hace énfasis en dos de los ejes presentados en los estándares: la comprensión e interpretación textual y la producción textual.

Pruebas censales como medio de evaluación

Las pruebas valoran las competencias que han desarrollado los estudiantes hasta tercer grado, hasta quinto grado (cuando se cubre el ciclo de básica primaria) y hasta noveno grado (de sexto a noveno - ciclo de básica secundaria). Su diseño está basado en los estándares básicos de competencias establecidos por el Ministerio de Educación Nacional, que son los referentes comunes a partir de los cuales es posible establecer qué tanto los estudiantes y el sistema educativo en su conjunto están cumpliendo unas expectativas de calidad en términos de lo que saben y lo que saben hacer.

Pruebas Saber

Este trabajo está especialmente dedicado a las Pruebas Saber de los grados tercero, quinto y noveno, que evalúan las competencias básicas de los estudiantes de colegios oficiales y privados ubicados en las zonas urbana y rural.

Figura 7. Pruebas Saber de tercero, quinto y noveno

Las Pruebas Saber en los grados tercero, quinto y noveno tienen objetivos diferentes a las Pruebas Pro

Las Pruebas Saber de tercero, quinto y noveno son evaluaciones que cada año se aplican a estudiantes de los respectivos grados en todo el país. Las pruebas son practicadas en cada institución escolar y son orientadas, preparadas y organizadas por el Icfes, que es la entidad responsable de la evaluación en Colombia.

El Icfes (2013, p. 09) plantea como objetivo de las Pruebas Saber de tercero, quinto y noveno:

> Contribuir al mejoramiento de la calidad de la educación colombiana, mediante la realización de evaluaciones periódicas (censales y muestrales) en las que se valoran las competencias básicas de los estudiantes y se analizan los factores que inciden en sus logros.

Así mismo, manifiesta que los resultados de estas evaluaciones permiten que los establecimientos educativos, las secretarías de educación, el Ministerio de Educación Nacional (MEN) y la sociedad en general conozcan cuáles son las fortalezas y debilidades del proceso educativo y, a partir de estas, puedan definir planes de mejoramiento en sus respectivos ámbitos de actuación. Por otra parte, debido a su aplicación periódica, permiten identificar los avances o estancamientos en un determinado lapso en el ámbito nacional y establecer comparaciones con otros países; esto permite evaluar el impacto de políticas y programas específicos de mejoramiento.

Desde las instituciones escolares, la situación es más compleja, pues la presentación de una prueba externa es un momento dentro del proceso educativo que permite una mirada desde afuera para confirmar o revisar las valoraciones internas. Es en las instituciones escolares donde se puede hacer un seguimiento continuo de los logros de cada estudiante y las pruebas externas sirven de referente para confirmar los aciertos o revisar las deficiencias que se presenten.

Las pruebas se basan en los estándares básicos de competencias establecidos por el Ministerio de Educación Nacional y permiten comprobar si el sistema educativo en su conjunto están cumpliendo con unas expectativas de calidad en términos de lo que saben y lo que saben hacer los estudiantes examinados.

En cada grupo de grados, se evalúan básicamente las mismas asignaturas, con muy pocas variaciones; sin embargo, la diferencia primordial se presenta en el nivel de profundidad y complicación de los ítems, que van aumentando, de forma que los procesos cognitivos que permitan la búsqueda de soluciones a problemas planteados, también sean más complejos.

En las Pruebas de Saber de tercer grado se evalúan matemáticas y lenguaje; en quinto y noveno se evalúan las competencias en lenguaje, matemáticas, ciencias naturales y competencias ciudadanas. De igual forma, el Icfes (2013, p. 10) aclara que:

> Las características de las pruebas no permiten evaluar la totalidad de las competencias que se espera que desarrollen los estudiantes en la educación básica, pero sus resultados son indicadores importantes de su capacidad para continuar aprendiendo a lo largo de la vida y transferir sus aprendizajes a distintas situaciones, dentro y fuera de la escuela.

¿Qué se evalúa? Las pruebas evalúan las competencias que han desarrollado los estudiantes hasta tercer grado, hasta quinto grado (que cubre el ciclo de básica primaria) y hasta noveno grado (de sexto a noveno – ciclo de básica secundaria).

Para qué se evalúa: en cuanto a los resultados, el Icfes (2013, p. 11) entregará:

> … reportes de resultados a los establecimientos educativos participantes y también por municipios y/o departamentos, con sus respectivos puntajes promedio y niveles de desempeño en cada área y grado, con el propósito de corresponder a los esfuerzos de participación y apoyar los procesos de mejoramiento institucional.

Este reporte será público, es decir, estará disponible para la consulta y descarga por parte de toda la comunidad educativa.

Por tanto, el sentido de las Pruebas Saber es brindar un elemento de análisis de la situación de una institución escolar con respecto a los niveles de desempeño, para que pueda proyectar un plan de mejoramiento.

Características de la prueba de lenguaje

Competencias por evaluar

Según lo expresa el Icfes (2013, p. 10), las Pruebas Saber de tercero, quinto y noveno: "se centran en evaluar aquellos desempeños que pueden medirse a través de pruebas de papel y lápiz".

La prueba se enfocan hacia dos procesos fundamentales en el aprendizaje en general: la comprensión lectora y la producción textual, que tienen un gran poder cognitivo, no solo para acceder a la información sino para transformar el conocimiento. Es decir, la Prueba Saber se propone evaluar las competencias lectora y escritora:

> La primera se refiere a la búsqueda y reconstrucción del sentido y los significados presentes en diferentes tipos de textos (literarios, informativos, descriptivos, avisos, tablas, gráficos, entre otros) y otras formas de comunicación no verbal, como gestos, música y expresiones artísticas en general. A su vez, la segunda tiene que ver con la generación de significados, tanto para expresarse como para transmitir información o interactuar con los demás (Icfes, 2013, p. 16).

Sin embargo, a partir de los procesos lectores y escritores, se establece una relación con los ejes referidos a la literatura, otros sistemas simbólicos y la ética de la comunicación.

La prueba de competencia comunicativa lectora explora la forma como los estudiantes leen e interpretan diferentes tipos de textos. Se espera que puedan comprender la información explícita y la implícita en los textos; establecer relaciones entre sus contenidos y lo que conocen acerca de un determinado tema; así como hacer inferencias, sacar conclusiones y asumir posiciones argumentadas frente a los mismos.

En términos generales, la prueba de lectura les propone a los estudiantes una reflexión en torno a qué dice el texto (contenidos conceptuales e ideológicos, y semántica); cómo lo dice (organización textual); para qué lo dice y por qué lo dice (pragmática); cuándo lo dice y quién lo dice (circunstancias socioculturales). Además, los textos seleccionados atienden a los criterios establecidos en los estándares básicos de competencias y a:

> ... la diversidad de formas de organización y estructuración de información: (1) Textos continuos organizados en oraciones y párrafos, esto es, escritos en prosa y también en verso; (2) Textos discontinuos como listas, formularios, gráficos o diagramas; (3) Textos mixtos como historieta o cómic (Icfes, 2013, p. 17).

En tercer grado, además, rondas y cancioncillas, noticas y afiches.

Tabla 6. *Tipos de textos utilizados en la prueba* de Lenguaje Saber de tercero, quinto y noveno, - 2013

Textos literarios	Textos expositivos
Descriptivos	Informativo
Narrativo (prosa y narrativa icónica)	Explicativo
Lírico	Argumentativo

Hace referencia a la variedad textual que se presenta en las Pruebas Saber.

Tomada de Icfes (2013, p. 17)

Componentes que se evalúan

Para evaluar la competencia lectora y la escritora, la prueba de lenguaje considera los tres componentes transversales que abarcan la mirada global y local de un texto, acorde con la propuesta evaluativa de los lineamientos (MEN, 1998, p. 117), que, además, hace caer en cuenta cómo en la escuela en especial se tiende a corregir ortografía y "buena letra" y poco se evalúan aspectos semánticos, morfosintácticos y pragmáticos. Estos componentes son definidos así (Icfes, 2013, p. 21-23):

- **Componente semántico:** "hace referencia al sentido del texto en términos de su significado. Este componente indaga por el qué se dice en el texto". Por tanto, al evaluar se tendrá en cuenta que, al leer, un estudiante pueda recuperar información implícita y explícita contenida en el texto, comparar textos de diferentes formatos y finalidades, y establecer relaciones entre sus contenidos. También que sepa emplear sus conocimientos previos para comprender y ampliar referentes o ideas. Para la competencia escritora, la prueba Saber tiene en cuenta el análisis de los procesos que deberán seguirse al producir un texto y no la producción en concreto. Para esta competencia, y con base en los estándares, se evaluará si el estudiante prevé temas, contenidos o ideas para producir textos, de acuerdo con el propósito de lo que quiere comunicar y si sabría hacer consultas acordes con el texto. Ya ante la posibilidad de textualizar o escribir, se le indaga al estudiante si podría dar cuenta de las ideas, tópicos o líneas de desarrollo que un texto debe seguir a partir de las especificaciones de un tema, como también si conseguiría seleccionar los elementos que permiten la articulación de las ideas de un hipotético texto y sus elementos formales.

— **Componente sintáctico:** "se relaciona con la organización del texto en términos de su coherencia y cohesión. Este componente indaga por el cómo se dice". Al leer, el estudiante podrá reconocer la estructura implícita y explícita de un texto, su organización y componentes y también las estrategias empleadas por el autor y reconocerá la influencia de todos éstos para darle sentido al mensaje. En cuanto a la competencia escritora, se le indaga al estudiante si podría prever un plan organizativo de las ideas acorde con el tipo de texto, lo que quiere comunicar y la manera de lograr coherencia y cohesión valiéndose de elementos formales de la lengua y la gramática.

— **Componente pragmático:** "tiene que ver con el para qué se dice, en función de la situación de comunicación". Al leer, el estudiante reconocerá y analizará la información implícita y explícita acerca de los propósitos de un texto. Respecto a la competencia escritora, en la prueba se le indaga al estudiante acerca de los aspectos que tendría en cuenta ante la posibilidad de escribir un texto; por ejemplo, si podría prever el propósito o las intenciones que debe cumplir para atender a las necesidades de comunicación, como el destinatario, el entorno local y sociocultural, el tono, estilo, tipo de vocabulario y otras estrategias discursivas adecuadas a la situación de comunicación.

Como se puede observar, en el componente pragmático se evidencia la relación del texto con su situación comunicativa: las circunstancias del contexto local y las características socioculturales que le imprimen un sentido determinado.

Preguntas

Debido a que las preguntas de la prueba de lenguaje se centran en la evaluación de las competencias lectora y escritora, a continuación se presentan ejemplos que ilustran cómo se formulan estas preguntas para cada caso.

Prueba de competencia lectora

Todas las preguntas utilizadas en la aplicación de las pruebas de lectura son de selección múltiple con única respuesta, en las cuales se presentan el enunciado y cuatro opciones de respuesta, denominadas A, B, C, D. Solo una de ellas es correcta y válida respecto a la situación planteada.

Por ejemplo: para tercer grado, a partir de una lectura acerca del agua, se plantean las posibles respuestas para que el estudiante escoja una (Icfes, 2013, p. 29):

EL AGUA

¿Por qué el agua es el principal recurso natural?

a. Porque hay muy poca agua y se puede acabar
b. Porque si no hay agua tendremos mala nutrición, hambre y enfermedades
c. Porque si se agota el agua no existirán las piscinas
d. Porque si falta el agua no podremos bañarnos ni lavar los muñecos

<table>
<tr><td>Competencia</td><td>Comunicativa-lectora</td></tr>
<tr><td>Componente</td><td>Semántico</td></tr>
<tr><td>Afirmación</td><td>Recupera información explicita en el contenido del texto</td></tr>
<tr><td>Respuesta correcta</td><td>B</td></tr>
<tr><td colspan="2">Con esta preguntas se espera que el estudiante reconozca el argumento que sustenta el texto. Esta opción de la razón del por qué el agua es el principal recurso natural, pues menciona las consecuencias que podría tener el ser humano si éste recurso se acabara.</td></tr>
<tr><td>Nivel</td><td>Mínimo</td></tr>
</table>

Otra característica de la prueba de lectura es que a partir de un texto se formulan varias preguntas no solo de comprensión sino también de los aspectos sintáctico y pragmático; por ejemplo, en la prueba para quinto grado se tiene en cuenta un aspecto del componente morfosintáctico (ortografía) (Icfes, 2013, p. 61):

Responde las preguntas 7 y 8 de acuerdo con el siguiente texto:

A enredar los cuentos

- Érase una vez una niña que se llamaba Caperucita Amarilla.
- ¡No, Roja!
- ¡Ah!, sí, Caperucita Roja. Su mamá la llamó y le dijo: "Escucha, Caperucita Verde… ".
- ¡Que no, Roja!
- ¡Ah! , sí, Roja. "Ve a casa de tía Diomira a llevarle esta piel de patata".
- No: "Ve a casa de la abuelita a llevarle este pastel".
- ¡Bien. La niña se fue al bosque y se encontró a una jirafa.
- ¡Que lío! Se encontró al lobo, no a una jirafa.
- Y el lobo le preguntó: "¿Cuánto es seis por ocho?".
- ¡Qué va! El lobo le preguntó: "¿Adónde vas?"
- Tienes razón. Y Caperucita Negra respondió…
- ¡Era Caperucita Roja, Roja, Roja!
- Sí, y respondió: "Voy al mercado a comprar salsa de tomate"
- ¡Qué va! : "Voy a casa de la abuelita, que está enferma, pero no recuerdo el camino exacto". Y el caballo dijo…
- ¿Qué caballo? Era un lobo.
- Seguro. Y dijo: "Toma el tranvía número setenta y cinco, bájate en la plaza de la Catedral, tuerce a la derecha, y encontrarás tres peldaños y una moneda en el suelo; deja los tres peldaños, recoge la moneda y cómprate un chicle".

- Tú no sabes explicar cuentos en absoluto, abuelo. Los enredas todos. Pero no importa, ¿me compras un chicle?
- Bueno: toma la moneda.

Y el abuelo siguió leyendo el periódico.

Tomado de: Rodari, Gianni. (2002). Cuentos por teléfono. Barcelona: Editorial Juventud.

En el ejemplo siguiente, la prueba de lectura para noveno grado consiste en la interpretación de un texto expositivo explicativo, teniendo en cuenta las inferencias respecto a la intención y propósitos del texto (componente pragmático) (Icfes, 2013, p. 64):

Responde la pregunta 7 a partir de la lectura del siguiente texto:

¿La tecnología hará que las relaciones humanas sean menos profundas?

A lo largo de la historia del ser humano, se han producido debates sociales sobre la real mejoría en la calidad de vida y la utilización adecuada de los diversos avances tecnológicos en distintos momentos de la historia. Cada innovación trae consigo un cuestionamiento ético. En la actualidad, como consecuencia del proceso de globalización, se ha generado una nueva forma de comunicación: la cibernética. El chat, el correo electrónico y el inmensurable aumento de la información han reducido de modo considerable los tiempos de trabajo, estudio, lo cual aparentemente "optimiza" nuestros quehaceres. Pero, ¿cuáles son los costos de esta nueva tecnología? El cuestionamiento, como es normal, vuelve a surgir. Hace ocho meses atrás comenzó mi fascinación por la búsqueda y utilización de recursos de internet. Todo se vende, todo se compra, es demasiado sencillo hacer un clic y cruzar de un lugar distante a otro en un par de segundos. O tal vez conversar con personas que nunca conoceré, o que ni siquiera sé cómo se llaman. El chat es una nueva forma de hablar, con sus códigos propios, con sus sistemas de signos particulares (los emoticones o caritas) y con sus particulares abreviaturas de palabras. Pero esa fascinación tiene su límite, y es que nunca sé con certeza quién es el que está del otro lado. Mucho menos, si es sincera (o) o falsa (o), si tiene buenas intenciones o no. Además, la mayoría de estas relaciones virtuales son fugaces y esporádicas y nunca tienen una concreción en la vida real. Pareciera ser la era de lo pragmático, en la que se pueden comprar incluso las relaciones humanas. Sin embargo, no todo tiene precio, y es o es algo que solemos olvidar. El ritmo de vida en la actualidad nos lleva a una mecanización en casi todos los aspectos de nuestra vida, incluso al plano de las relaciones humanas, pues a través del uso de la internet no como una fuente de información, sino como de un gran "mercado humano", se toman las relaciones que se me acomodan y las que no, sencillamente las desecho. De este modo, evito enfrentarme a la responsabilidad con los demás; los derechos y el respeto que merece cada cual en tanto ser humano, como en realidad se debe hacer. Por otra parte esta nueva forma de comunicación, según se le ha denominado, limita uno de los pilares fundamentales de la comunicación interpersonal: la expresión de ideas, sentimientos, emociones, ya que las reemplaza por signos y máquinas que nunca, en este plano, superarán al ser humano. El hombre o la mujer piensan y sienten cosas que muchas veces comunican sin necesidad de decirlas o escribirlas.En suma, si nuestros criterios para valorar estas nuevas formas de comunicación son la utilidad y la productividad, no cabe duda de que el juicio es positivo, ya que nuestras labores se vuelven más ágiles. Pero el usuario debe ser el adecuado: un sujeto con plena conciencia de las limitaciones de este medio y de la importancia de las relaciones humanas en el plano de la realidad. Sólo de este modo, internet puede llegar a convertirse en un recurso positivo, que llevará al conocimiento y divulgación de grandes cantidades de información y a una forma de ver las cosas de un modo más amplio, que vaya más allá de las fronteras de nuestro territorio.

Tomado de http: // www.puc.cl

De acuerdo con los argumentos y contraargumentos del texto, puede afirmarse que el autor busca:

a. Apoyar sin límites el uso de las tecnologías.
b. Llamar la atención sobre el uso del chat.
c. Promover el uso adecuado de las tecnologías.
d. Apoyar el uso comercial de las tecnologías.

Competencia	Comunicativa-lectora
Componente	Pragmático
Afirmación	Reconoce y caracteriza la situación de comunicación que subyace en un texto.
Respuesta correcta	C

En esta pregunta,el estudiante debe identificar intenciones y propósitos del texto. El autor del texto afirma que el uso de la tecnología ha producido relaciones humanas menos profundas y ofrece diversos argumentos que sustentan su punto de vista; sin embargo, una de las estrategias discursivas que utiliza para reforzar su tesis es mostrar también los beneficios del uso de la tecnología, por tanto, su propósito es promover un uso adecuado de las tecnologías, reconocien do sus riesgos y beneficios.

Nivel	Satisfactorio

Prueba de competencia comunicativa escritora

"Evalúa el proceso de escritura y no la escritura en sí". Esto significa que no se les solicitará a los estudiantes la elaboración de textos escritos, sino que las preguntas indagarán sobre los tipos de textos que ellos utilizarían para lograr un determinado propósito o finalidad, la forma como los organizarían para expresar un mensaje o una idea, y aspectos relacionados con el uso adecuado de las palabras y frases para que producir textos con sentido. En la prueba se analizan las fases o etapas del proceso de escritura en concordancia con los planteados en los Lineamientos de Lengua Castellana:

- Defino una temática para la producción de un texto narrativo.
- Llevo a cabo procedimientos de búsqueda, selección y almacenamiento de información acerca de la temática que voy a tratar en mi texto narrativo.
- Elaboro un plan textual organizando la información en secuencias lógicas.
- Produzco una primera versión del texto narrativo de acuerdo con personajes, espacios, tiempos y vínculos con otros textos y con mi entorno.
- Reviso el texto teniendo en cuenta aspectos de coherencia (unidad temática, relaciones lógicas, consecutividad temporal) y cohesión (conectores, pronombres, manejo de modos verbales, puntuación…).

Desde esta modalidad evaluativa, se ofrecen los siguientes ejemplos (Icfes, 2013, p.69).

Para escribir un posible texto expositivo argumentativo:

Hay un debate intercolegiado sobre si se debe permitir o no el uso de los piercing a los estudiantes. Para participar con un artículo en favor del uso de los piercing, tu escrito podría tener como título:

a. Los jóvenes y sus padres.
b. Más libertad en los colegios.
c. Menos tatuajes y más salud.
d. Los profesores y sus derechos.

Competencia	Comunicativa-escritora
Componente	Semántico
Afirmación	Prevé temas, contenidos, ideas o enunciados, para producir textos que respondan a diversas necesidades comunicativas.
Respuesta correcta	B
En esta pregunta, el estudiante debe elegir un contenido tema acorde con un propósito. Esta opción resume, mediante el título, el contenido que tendría el escrito de acuerdo con el propósito, en este caso, a favor del uso del piercing.	
Nivel	Satisfactorio

Este ejemplo busca evaluar el componente sintáctico como un aspecto indispensable para dar cohesión a un texto mediante el empleo adecuado de palabras conectoras.

Tienes que redactar un texto para la clase de ecología sobre los beneficios del consumo de agua. La información que tienes hasta el momento dice:

Título: El agua y el costo de vida

Desarrollo: (Idea 1) El agua es un elemento natural y fundamental para la vida del ser humano y de los demás seres de la naturaleza. (Idea 2) En las tres últimas décadas este recurso se ha convertido en uno de los servicios públicos más escasos y costosos, su valor se ha incrementado en 90 %, lo cual ha afectado al bolsillo de los usuarios.

Para enlazar de modo coherente estas dos ideas utilizarías el siguiente conector:

Competencia	Comunicativa-escritora
Componente	Sintáctico
Afirmación	Da cuenta de la organización micro y superestructural que debe seguir un texto para lograr su coherencia y cohesión.
Respuesta correcta	B

En esta pregunta, el estudiante debe elegir los conectores que dan cohesión a las ideas. El conector "sin embargo" da continuidad a las ideas y además coherencia y cohesión frente a la información de los dos textos, ya que la información de la primera idea condiciona la de la segunda.	
Nivel	Avanzado

Con el ejemplo siguiente se ilustra la evaluación de la competencia escritora con énfasis en el componente pragmático (Icfes, 2013, p. 71).

En un foro de discusión sobre la desaparición de tu programa de televisión preferido, escribiste una opinión sobre esta situación:

"Es realmente indignante que a los seguidores de este interesante programa no se les haya avisado con el suficiente tiempo que se iba a cancelar el programa de televisión. Era muy bueno, tenía muy buena audiencia. ¿Por qué nos hacen esto?".

Otro participante del foro que lea tu mensaje podría decir que:

a. El tema del mensaje es ambiguo con respecto al foro de discusión.
b. El foro es inadecuado, pues no permite que se expresen las opiniones personales.
c. El mensaje que escribiste no expresa directamente el objetivo del foro de discusión.
d. Tu opinión es adecuada con la intención de denunciar la desaparición del programa.

Competencia	Comunicativa-escritora
Componente	Pragmático
Afirmación	Da cuenta de los mecanismos de uso y control de las estrategias discursivas, para adecuar el texto a la situación de comunicación.
Respuesta correcta	D
En esta pregunta, el estudiante debe evaluar la validez o pertinencia de la información de un texto y su adecuación al contexto comunicativo. De acuerdo con la información suministrada en el enunciado, el comentario realizado en el foro corresponde al tema propuesto y al propósito que quiere lograr el enunciador; además, brinda un punto de vista claro y concreto de acuerdo con el contexto en el que se emite.	
Nivel	Satisfactorio

Distribución de las preguntas por competencias y componentes

Por otra parte, en las Pruebas Saber de Lenguaje las preguntas se distribuyen de modo proporcional en cada una de las competencias y componentes evaluados. La proporción es diferente para los grados tercero, quinto y noveno:

Tabla 7. *Distribución porcentual de preguntas por competencias y componentes*

Componente	Competencia		
	Comunicativa Lectora	**Comunicativa Escritora**	**Total**
Semántico	63	67	65
Sintáctico	17	17	17
Pragmático	20	16	18
Total	100	100	100

Muestra el porcentaje correspondiente al tercer grado (Icfes, 2013, p. 25)

Tabla 8. *Distribución porcentual de preguntas por competencias y componentes*

Componente	Competencia		
	Comunicativa Lectora	**Comunicativa Escritora**	**Total**
Semántico	63	67	65
Sintáctico	17	17	17
Pragmático	20	16	18
Total	100	100	100

Muestra el porcentaje de preguntas correspondiente a quinto y noveno grados (Icfes, 2013, p. 25)

Actividades de aprendizaje y evaluación según los niveles educativos

Tanto la enseñanza y el aprendizaje como la evaluación tienen el compromiso de buscar una educación de calidad; esto es, que forme al estudiante como ser humano, como ser social y ciudadano y que lo prepare para el futuro laboral. Así mismo, es necesario reconocer que el proceso educativo es continuo, pues el ser humano siempre está aprendiendo; así, la parte formal le corresponde a la escuela, pero otra gran parte compromete a la familia y a la sociedad, bajo la responsabilidad del Estado. En consecuencia, el sistema educativo de Colombia está estructurado para cumplir con el proceso educativo de acuerdo con las características y necesidades propias de los estudiantes de cada nivel.

Los niveles que estructuran el sistema educativo colombiano son como escalones que permiten el avance del estudiante desde la educación preescolar, pasando por la educación básica (primaria y secundaria) y la educación media, según lo establecido en la Ley 115 de 1994 (Ley general de educación).

Los promedios de edad en cada uno de los grupos de grado determinan un nivel de desarrollo cognitivo, emocional y social, aunque no se puede desconocer que el entorno familiar y sociocultural es determinante puesto que puede incentivar un desarrollo mayor y más rápido o lo contrario, acorde con las experiencias intelectuales, emocionales y culturales que viva cada estudiante.

Por tanto, es conveniente recordar algunas características básicas de los estudiantes de cada nivel y grupo de grados, en especial de la educación básica primaria y secundaria, ya que pueden recordar o aportar información valiosa para conseguir mejores aprendizajes y desempeños y, en consecuencia, resultados superiores en las pruebas.

Dado que estas orientaciones van dirigidas en especial a los estudiantes que presentarán las Pruebas Saber para los grados tercero, quinto y noveno, se le dará mayor énfasis a la caracterización y evaluación de desempeños correspondientes a estos grupos.

Educación preescolar

Durante los últimos años, se le ha venido prestando especial atención a la formación temprana; seguramente han influido los estudios sicológicos y sociológicos que reconocen a los primeros años de vida como definitivos en el desarrollo cognitivo de los niños.

Desde esta etapa, los niños van relacionándose con la cultura escrita a través de la interacción con su entorno social; así descubren que las relaciones con los otros están mediadas por el uso del lenguaje, en especial de la palabra hablada o escrita, y reconocen algunos tipos de texto como el cuento, las instrucciones de los juegos, las listas de compras... es decir, ya antes de llegar a la institución escolar conocen diversos usos de la palabra, acordes con el entorno sociocultural en el que viven.

Educación básica

La educación básica está constituida por la educación primaria (de primero a quinto) y la educación secundaria (de sexto a noveno grado). Sin embargo, vale recordar que para las Pruebas Saber se atiende a grupos de grados correspondientes con la organización de los estándares básicos de competencias y que los estudiantes de cada grupo tienen ciertas características propias de la edad promedio de los niños o jóvenes que los conforman.

Grados primero, segundo y tercero

Al llegar a la educación básica, los niños experimentan una relación más sistemática con la cultura escrita; aunque en el primer año aún continúa el predominio de la oralidad para interactuar con el conocimiento y con sus compañeros, lo que permite promover algunas normas de escucha y respeto por la palabra de los otros. A medida que avanza en los grados siguientes, la oralidad se va tornando más formal y el campo de interacción se extiende fuera del aula, al participar en actividades culturales y recreativas de la comunidad educativa.

En cuanto a la palabra escrita, en primero los chicos pueden establecer mayor diferencia entre el dibujo y las palabras hasta llegar a identificarlas y relacionar los sonidos con las letras dentro de un proceso de práctica y análisis en directa relación con la oralidad, que supone reflexiones acerca del uso de la palabra y que abarca los tres primeros grados. Por tanto, es muy valioso practicar con los niños la lectura y el comentario de diversos tipos de texto, reconociendo de qué trata, identificando su uso social y el formato general, comparando unos textos con otros. Además, en estos años, la lectura oral por parte de un adulto tiene especial importancia para desarrollar el gusto e interés por la misma. Así mismo, es necesario promover la creación de algunos textos en situaciones de comunicación significativas; textos que, aunque parezcan breves y sencillos, conllevan procesos mentales definitivos en el desarrollo de la competencia comunicativa y discursiva. Estas actividades deben ser variadas y motivantes para lograr los mejores resultados, como pensar a quién va dirigido el texto, elaborar un sencillo plan, escribir una primera versión y revisarla.

En estas prácticas de lectura y escritura, las obras literarias de calidad como cuentos y poemas, también retahílas, adivinanzas y rondas de la tradición popular, contribuyen de modo notable con el avance en la lectura; pero es indispensable acercarlos, además, al texto expositivo (informativo, explicativo, argumentativo) que les permite buscar respuestas a preguntas y curiosidades propias de su edad. De igual forma, la lectura de la imagen se convierte en un excelente aporte, no sólo la interpretación de las imágenes que ilustran un texto escrito sino lectura de libros dibujados que permiten desarrollar la interpretación y creatividad.

En las orientaciones del Icfes (2013), se describen los niveles de desempeño desde los componentes de las pruebas y de acuerdo con los niveles de desempeño. Así, para las pruebas de tercero, desde el componente semántico se tendrá en cuenta si el estudiante: recupera información explícita e implícita contenida en el texto, compara textos de diferentes formatos y finalidades y establece relaciones entre sus contenidos. Desde el componente sintáctico: identifica la estructura explícita e implícita del texto. Y desde el componente pragmático: reconoce elementos implícitos e información explícita sobre los propósitos del texto y analiza este tipo de información.

Al analizar los resultados, para establecer el nivel que ha logrado un estudiante, la Prueba Saber de tercer grado tiene en cuenta:

Figura 8. Niveles de desempeño de estudiantes de tercer grado

Nivel mínimo 239 - 300 puntos	El estudiante es capaz de ubicar información explicita dentro de textos sencillos con información continua, a partir de marcas textuales evidentes o fácilmente identificables. Ej: Reconoce tipos de textos de uso común, relaciona personajes y acciones, identifica estados de ánimo.
Nivel satisfactorio 301 - 376 puntos	El estudiante, además de los logros del nivel anterior, utiliza información delcontexto como herramienta y estrategia que le permite comprender varios de textos comunes (expositivos y narrativos). Para producir textos sencillo reconoce la necesidad de un plan básico, empleando elementos que le den coherencia y concordancia (palabras de enlace, signos ortográficos).
Nivel avanzado 377 - 500 puntos	El estudiante, además de los logros de los dos niveles anteriores, es capaz de relacionar, deducir e inferir información en diversos tipos de texto, incluidas las ilustraciones o textos icónicos (imágenes). Además, al leer y pensar la creación de textos, los compara, reconoce sus estructuras globales y prevé contenidos, propósitos e intenciones textuales.

Niveles planteados con base en orientaciones de Icfes (2013)

Al estudiante que no logre los desempeños mínimos, se le considera en nivel insuficiente.

Como se puede apreciar, en cada nivel los logros se van incrementando en cuanto a dificultad y amplitud. Además, el nivel satisfactorio incluye los logros del mínimo y el nivel avanzado los del satisfactorio, lo que forma una secuencia de avance. De igual forma, se presentan los niveles para grados quinto y noveno:

Grados cuarto y quinto

En estos grados, los chicos están entre 10 y 11 años. Es una etapa de preadolescencia marcada por cambios fisiológicos, cognitivos y comportamentales. Respecto a sus competencias de lenguaje, ya deben dominar el código alfabético puesto que saben leer y escribir, lo cual no significa que ya sean lectores y escritores avanzados; viven un periodo de transición, pues ya han logrado dominar las estructuras básicas del lenguaje que les posibilitan mayor interacción y fortalecimiento de su desarrollo integral. Su capacidad de abstracción está más desarrollada, lo que les permite efectuar operaciones de análisis, por ejemplo, buscar solución a problemas, establecer causas y consecuencias, jerarquizar, entre otras; por tanto, están en capacidad de expresar opiniones con argumentos más elaborados.

Los estudiantes se encuentran en una etapa decisiva para potenciar el lenguaje en todos los aspectos de la vida: el académico, el personal y el social. Además, en muchas instituciones los niños de cuarto inician un trabajo por áreas que los enfrenta a nuevas formas de comprensión de textos y temas. Por tanto, la intervención educativa deberá favorecer la consolidación del lenguaje como algo significativo y placentero, y brindarles a los estudiantes una amplia variedad de estrategias de comprensión lectora y producción escrita, que le permitan un desempeño autónomo frente al acto de ser, de hacer y de aprender.

En consecuencia, es necesario impulsar en los niños avances en la competencia lectora promoviendo estrategias que les permitan establecer los objetivos al leer, escoger fuentes de lectura y saber recopilar información, ser conscientes de su forma de leer y comprender y asumir una actitud crítica y propositiva; así mismo, identificar la intención comunicativa y los aspectos de contenido y forma empleados por el autor. En la producción textual, también, es indispensable que los niños avancen al ofrecerles la oportunidad de crear variados géneros como noticias, instrucciones, recetas, afiches, comentarios, entrevistas, folletos, ojalá dentro de un proyecto o secuencia didáctica. Al crear los textos, los niños deben estar en capacidad de seguir un proceso estratégico: escoger el tema, tener clara la intención, las características y secuencias propias de cada uno de ellos para elaborar un plan y desarrollarlo al escribir una primera versión y luego revisar atendiendo al contenido y a las características formales adecuadas.

En las orientaciones del Icfes (2013) se describen los niveles de desempeño desde los componentes de las pruebas y de acuerdo con los niveles de desempeño. Así, para las pruebas de quinto, desde el componente semántico, se tendrá en cuenta si el estudiante: recupera información explícita e implícita contenida en el texto; relaciona textos entre sí y recurre a saberes previos para ampliar referentes e ideas. Desde el componente sintáctico: identifica la estructura, la organización explícita y componentes del texto y la emplea para recuperar información implícita. Además, si analiza estrategias, explícitas o implícitas, de organización, estructura y componentes de un determinado tipo de texto. Y desde el componente pragmático: si reconoce los propósitos del texto y, además, si analiza su información explícita o implícita.

Para identificar los desempeños de cada nivel, la Prueba Saber de quinto grado tiene en cuenta:

Figura 9. Niveles de desempeño de estudiantes de quinto grado

Nivel mínimo 227 - 313 puntos	El estudiante logra hacer una lectura no fragmentada de textos cotidianos y habituales identificando su estructura general, sus partes y las oraciones que las componen. Ante la producción de textos, prevé planes textuales atendiendo a las exigencias del tema, propósito, intención, el tipo de texto y el posible interlocutor: además, revisa y corrige escritos cortos y sencillos, siguiendo reglas básicas.
Nivel satisfactorio 314 - 399 puntos	El estudiante, además de los desempeños del nivel anterior, al leer textos cotidianos y sencillos reconoce con precisión el tema, identifica funciones y relaciona y categoriza, deduce e infiere infirmación: sabe caracterizar personajes. Al escribir y revisar textos emplea un lenguaje mas formal, plantea las ideas en secuencias apropiadas, usa los recursos retóricos o los actos de habla pertinentes, evita las ideas repetidas de un texto.
Nivel avanzado 400 - 500 puntos	El estudiante, además de los logros de los dos niveles anteriores, logra una comprensión amplia de textos sencillos y cotidianos y relaciona su contenido con el de otros textos, hace inferencias de complejidad media, deduce el significado de palabras desconocidas e información implícita: además, puede comentar críticamente el contenido y descubrir algunos recursos estilísticos. Sabe cómo crear textos al planear, desarrollar y revisar siguiendo estrategias semánticas, sintácticas y pragmáticas, además, maneja argumentos adecuados.

Con base en orientaciones de Icfes (2013)

En el nivel insuficiente se ubican los estudiantes que no logran los desempeños señalados.

Grados de sexto a noveno

Al llegar a sexto, los estudiantes están entre los 11 o 12 años y viven la experiencia de "ser de bachillerato", que implica sentirse mayores pero también conlleva una mayor exigencia por parte de los profesores y la familia; después, al terminar la educación básica, tienen 15 años aproximadamente. Los temas de estudio ya son más especializados y en la mayoría de los casos están fragmentados por asignaturas; por tanto, la lectura y escritura se intensifican en cada una de ellas; sin embargo, muchas veces los estudiantes no cuentan con las estrategias necesarias para trabajar de manera adecuada los textos en cada campo del conocimiento. De ahí la necesidad de que los profesores de cada área conozcan didácticas de lectura y producción textual que les permitan orientar a sus estudiantes desde los lenguajes propios de su asignatura, para trabajar en especial textos expositivos (informativos, explicativos y argumentativos), que son los más empleados para acceder a los conceptos científicos y las reflexiones humanísticas.

El nivel de desarrollo cognitivo, emocional y social de estos estudiantes ya les permite mayor autonomía para acceder al conocimiento, ser más conscientes de su proceso de aprendizaje y tomar decisiones de diferente tipo. Sin embargo, también están experimentando las transformaciones propias de la adolescencia; y aunque la maduración del cerebro les permite mayor capacidad de análisis y planificación de acciones a largo plazo, en lo emocional presentan cambios bruscos, inestabilidad, deseo de experimentar riesgos y emociones fuertes, desconfianza hacia los adultos, interés especial por su apariencia, entre otros; todo esto, en búsqueda de identidad e independencia, que los lleva a agruparse con sus pares en edad e intereses.

En estos grados, un estudiante ya debe haber avanzado más en los desempeños propios de los grupos anteriores. Según plantea el Icfes (2013), de acuerdo con el componente semántico, un estudiante promedio está en capacidad de recuperar información explícita contenida en el texto al relacionar, identificar y deducir significados para construir el sentido global, recurriendo a saberes previos para ampliar referentes e ideas y relacionando textos entre sí. Desde el componente sintáctico: identifica la estructura explícita del texto y sus componentes y la información que éstos aportan; además, analiza estrategias, explícitas o implícitas, que emplea el autor del texto. Respecto al referente pragmático: reconoce información explícita e implícita sobre los propósitos del texto y también los significados que aportan sus elementos.

Los niveles de competencia, en la Prueba Saber de noveno grado, se reconocen en los siguientes desempeños:

Figura 10. Niveles de desempeño de estudiantes de noveno grado

Nivel mínimo 217 - 311 puntos	El estudiante está en capacidad de leer comprender globalmente textos narrativos y textos expositivos cortos (informativos, explictivos, argumentativos) y explicar los elementos de su estuctura cohesiva, entre párrafos y a nivel de oraciones. Ante la posibilidad de crear textos más formales y poco comunes planea y estructura la información y su forma organizativa, conservando la unidad temática, atendiendo al propósito y posibles interlocutores. Puede revisar sus textos según normas básicas de corrección.
Nivel satisfactorio 312 - 444 puntos	Adeemás de los desempeños del nivel anterior, el estudiante debe leer, comprender y analizar textos narrativos, líricos y expositivos de complejidad media, para inferir, deducir y categorizar información de forma global y local. Ante la creación de textos, el estudiante evalúa la pertinencia de sus escritos, atendiendo al propósito, contenido y contexto. Comprende y usa los mecanismos y estrategias.
Nivel avanzado 445 - 500 puntos	El estudiante, además de los desempeños de los dos niveles anteriores, responde a una comprensión más elaboradad de lo que lee, haciendo uso de conociminetos especializados y no habituales para explicar, valorar y juzgar los contenidos, funcionales y relaciones presentes en un texto. Comprende la estructura cohesiva de los textos, lo que le permite planear, revisar y corregir escritos, emplenado las reglas de la gramática, uso del lenguaje y pertinencia social de los textos.

Los niveles señalados se plantean con base en orientaciones de Icfes (2013)

Los estudiantes que no logren los desempeños mínimos están ubicados en un nivel insuficiente.

Educación media

Al llegar a décimo grado, los estudiantes cuentan con 16 años aproximadamente y terminan el bachillerato hacia los 17 o 18 años; su desarrollo sigue progresando. En esta época, ya hay un mayor avance de la identidad propia, más aceptación de su cuerpo y cuidado por su apariencia física; es posible que se incrementen los conflictos con los adultos (padres y maestros), pero en contraste se refuerza la relación con sus pares, con quienes comparten valores, gustos, reglas; es una etapa propicia para participar en clubes, pandillas, equipos deportivos. El desarrollo cognitivo permite que los jóvenes avancen hacia el pensamiento abstracto y el análisis de la realidad, pero con cierta persistencia y simpatía por el riesgo y el sentido de omnipotencia.

En este nivel, los jóvenes necesitan orientación para leer y escribir en las diferentes asignaturas, pues cada una de ellas tiene sus propias formas de expresar y organizar la información; por tanto, es importante orientarlos para tomar apuntes, organizarlos y ampliarlos, elaborar síntesis y resúmenes, comparar textos que traten un mismo tema, desarrollar reflexiones, hacer informes de prácticas (laboratorios, visitas de campo), plantear y argumentar opiniones de forma más elaborada y sustentada. Pero así como necesitan orientación también requieren que se les tenga en cuenta y valore su trabajo y aportes para elaborar y desarrollar proyectos.

En general, la relación de los jóvenes con la lectura y la escritura se ha transformado en las últimas décadas, en la actualidad se accede a diversidad de textos desde las pantallas, bien sea en computador, tabletas o celulares. Además, los textos están elaborados de tal forma que permiten relacionarse con otros a través de hipervínculos que facilitan la ampliación de aspectos que complementan la información.

Epílogo

Perfil del docente de lenguaje

El docente de lenguaje, como profesional de la educación, necesita tener una formación no sólo en cuanto a los conocimientos propios de su disciplina, en este caso el lenguaje y la lengua castellana, sino desde el saber propio de su profesión: la pedagogía, saber que se sustenta en una visión de sociedad, educación, conocimiento, papel del maestro y del estudiante y que orienta las prácticas educativas. Y dentro de estas prácticas, se sitúa la enseñanza del lenguaje, para lo cual el maestro pone en ejercicio un conocimiento más específico: la didáctica.

En la sociedad actual, que evoluciona a un ritmo acelerado, la educación y el maestro precisan de una actualización constante para responder a las necesidades y condiciones de los estudiantes y su entorno sociocultural. De ahí que una de los requisitos básicos del maestro sea la formación permanente para profundizar, ampliar y actualizar sus conocimientos pedagógicos y disciplinares acerca del lenguaje. Esto le permite romper con creencias y tradiciones escolares que impiden la transformación e innovación en el aula y las instituciones. Desde este punto de vista, el aula es considerada como "un espacio de construcción de significados y sentidos y como una microsociedad en la que se tejen todas las relaciones sociales" (MEN, 1998, p. 35); es decir, un espacio de interacción comunicativa en donde los sujetos intercambian saberes, experiencias, formas de comprender y explicar el mundo.

La competencia profesional del maestro está determinada por los conocimientos teóricos logrados en su formación inicial y continuada, por su capacidad de autoformación, pero sobre todo porque establece una relación entre la teoría y la práctica cotidiana del aula y viceversa, pues sus prácticas deben responder a una postura consciente de las teorías que las sustentan.

En consecuencia, cuando un maestro propone un currículo innovador pone sus saberes al servicio de los intereses y necesidades del grupo, en concordancia con el PEI y el entorno sociocultural, a través de las diferentes acciones pedagógicas:

— Planificar un currículo flexible que promueva procesos pedagógicos y didácticos con la participación de los estudiantes y otros profesores y miembros de la comunidad educativa, por ejemplo, proyectos de aula o secuencias didácticas. Así, el maestro se convierte en interlocutor, mediador y estimulador en los procesos de enseñanza y aprendizaje.
— Promover acciones didácticas que favorezcan el avance en los aprendizajes y la construcción y apropiación de saberes. "El docente se constituye en un "jalonador" que constantemente está en actitud de indagar, de cuestionar, de introducir obstáculos para suscitar desarrollos

y elaboraciones discursivas, cognitivas y sociales de los estudiantes" (MEN, 1998, p. 35).

— Reflexionar sus prácticas y los aprendizajes de los estudiantes con una actitud investigativa que lleve a validar su trabajo y las teorías que lo sustentan o a revisar las falencias y dificultades en la enseñanza y en el aprendizaje.

Sin embargo, una característica indispensable del maestro de lenguaje es que sus estudiantes lo vean como referente y modelo de diversas manifestaciones lingüísticas y comunicativas; por ejemplo, que sea un lector apasionado, una persona que vivencia con ellos sus ejercicios escritores o de creación textual; en fin, que ame la palabra y promueva ese amor entre ellos.

Referencias bibliográficas

Atorresi, Ana (2009). *Aportes para la enseñanza de la lectura.* Santiago de Chile: Salesianos Impresores.

Baena, Luis (1992). Actos de significación. En: *Lenguaje,* No. 20. Cali: Universidad del Valle, pp. 8-15

Bruner, Jerome (1998). *Actos de significado. Más allá de la revolución cognitiva.* Madrid: Alianza.

Carlino, Paula (2009). *Escribir, leer y aprender en la universidad: una introducción a la alfabetización académica.* Buenos Aires: Fondo de Cultura Económica.

Cassany, Daniel (1996). *Describir el escribir: cómo se aprende a escribir.* Barcelona: Paidós.

Calsamiglia, H.; Tusón, A. (1999). *Las cosas del decir. Manual de análisis del discurso.* Madrid: Ariel.

Constitución política de Colombia 1991 (2011). Espiral ediciones: Bogotá.

Chomsky, Noam (1957). *Estructuras sintácticas.* Siglo XXI: Madrid

Council for Cultural Cooperation (2001). Ministerio de Educación cultura y Deporte, España (2002 traducción). *Marco común europeo de referencia para las lenguas: aprendizaje, enseñanza, evaluación.* Artes Gráficas Fernández: Madrid.

Dubois, M. E. (2006). *Textos en contexto* No. 7. Buenos Aires: Asociación Internacional de Lectura.

Echavarría, Rafael (2003). *Ontología del lenguaje.* Dolmen: Santiago de Chile.

Geertz, Clifford (1973). *La interpretación de las culturas.* Gedisa: Barcelona.

Cárdenas, Martha; Triana, Myriam y otras. Grupo de Lenguaje Bacatá (2008). *Vivencias, debates y transformaciones. Memorias del Grupo de Lenguaje Bacatá, 20 años.* Idep: Bogotá.

Habermas, Jurgen (1989). *El discurso filosófico de la modernidad.* Madrid: Taurus.

Icfes (2012). *Pruebas Saber 3°,5° y 9° Lineamientos para aplicaciones muestral y censal 2012.* Icfes: Bogotá.

Icfes (2013). *Pruebas Saber 3°,5° y 9° Lineamientos para aplicaciones muestral y censal 2013.* Icfes: Bogotá

Icfes (2012) *Pruebas Saber 3°. Cuadernillo 1, Bloque 2.* Icfes: Bogotá.

Icfes www.icfes.gov.co/examenes/pruebas-saber. Consultado el 13 de marzo de 2014.

Jolibert, Josette (2009). *Los niños construyen su poder de leer y escribir.* Buenos Aires: Manantial.

Lerner, Delia (1985). La relatividad de la comprensión de la lectura. En *Revista Lectura y Vida.* Número 4, diciembre, Buenos Aires.

Lomas, Carlos (2010). *El aprendizaje escolar de las competencias comunicativas.* En Memorias-resúmenes VIII Taller de la Red Colombiana para la transformación de la Formación Docente en Lenguaje, San José de Guaviare. Bogotá: Kimpres.

Ministerio de Educación Nacional (1994). *Ley General de Educación.* Bogotá: Empresa Editorial Universidad Nacional.

Ministerio de Educación Nacional (1998). *Lineamientos curriculares Lengua Castellana.* Bogotá: Magisterio.

Ministerio de Educación Nacional (2006) *Estándares Básicos de Competencias en Lenguaje, Matemáticas, Ciencias y Ciudadanas.* Bogotá: MEN.

Ministerio de Educación Nacional www.mineducación.gov.co. Consultado el 15 de septiembre de 2013.

Perrenoud, Philippe (2011). *Diez nuevas competencias para enseñar.* Bogotá: Graó: Editorial Magisterio.

Smith, Frank (1983). *Comprensión de la lectura.* México D. F.: Trillas.

Solé, Isabel (1996). Estrategias de comprensión de lectura. En *Revista Lectura y Vida.* Número 4, diciembre. Buenos Aires.

Van Dijk, Teun (1978). *La ciencia del texto.* Barcelona: Paidós.

Vásquez, Fernando (2012). Navegar en el río con saber de marinero. En *Actualidades Pedagógicas* No. 59. Enero-junio del 2012, pp. 85-98.

Watzlawick, Paul y otros (1983).*Teoría de la comunicación humana.* Buenos Aires: Tiempo Contemporáneo.

Villabona, Cecilia; Polanía, Rubiela (2004). *Proyecto comunicativo, Guía para el docente.* Educar Editores: Bogotá

Villabona, Cecilia; Rodríguez; Rosa Helena y otras (2015). *Texto expositivo: leer, escribir y dialogar para aprender.* Gente nueva: Bogotá

www.ingramcontent.com/pod-product-compliance
Lightning Source LLC
LaVergne TN
LVHW080457160826
845677LV00006B/1387

* 9 7 8 9 5 8 2 0 1 2 7 7 9 *